허무감에 압도될 때
지혜문학

허무감에 압도될 때

지혜문학

무의미한 고통에 맞서는 3000년의 성서 수업

김학철 지음

21세기북스

일러두기

성경은 대한성서공회에서 나온 '새번역'을 사용했으며, '하나님'을 '하느님'으로 바꾸었다. 또 '새번역' 외에 다른 번역을 사용했을 때는 따로 표기했다.

들어가며

나는 주기적으로 찾아오는 우울감과 마주해야 했다. 허무와 고통, 혼란과 어둠 앞에 내 삶이 어떤 의미가 있는지 알고 싶었다. 학교에 있는 이점을 활용하기로 했다. 여러 책을 읽고 토론하는 '삶의 의미: 허무와 고통, 기쁨과 보람'이라는 강의를 개설하여 삶의 의미에 관한 여러 견해를 살폈다. 뇌과학부터 종교에 이르기까지 이 주제에 관한 모든 논의를 정리하려 애썼다. 그러다가 서서히 생각이 갈무리되었다. 몇 년 전부터 그 강의를 더 이상 개설하지 않는다. 큰 그림이 그려진 것이다.

나는 더는 우울감에 시달리지 않는다. 약물을 통해 부정적인 감정 혹은 정서를 완화하거나 치료할 수도 있었을 것이다. 그러나 공을 들인 독서와 토론, 생각의 결실은 부정적인 정서를 누그러뜨리는 것 이상의 보람을 가져다 준다. 부정의 폭우가 그친 땅에는 보다 뚜렷한 삶의 지도가 그려졌다. 혼돈과 어둠을 넘어서는 의미를, 고통에 맞서는 품격을, 허무함에 개의치 않는 즐거운 삶의 윤곽을 발견한 것이다.

그리스도교 경전 중에 《잠언》, 《욥기》, 《전도서》, 《야고보서》가 있고, 이들은 지혜문학으로 분류된다. 이 책들을 해설하면서 삶의 의미에 관한 생각을 나누고 싶었다. 이 책들은 특정 종교의 경전이지만, 삶을 살아가는 기술, 곧 지혜를 다루고 그 성격상 특정한 믿음을 전제하지 않고서도 유효하다.

'삶의 의미' 수업을 마무리할 때면 늘 학생들에게서 "교수님이 생각하시는 삶의 의미는 무엇인가요?"라는 질문을 받는다. 그럴 때 나는 이렇게 답한다. "삶의 의미는 기성복이 없고, 오로지 맞춤복만이 있어요. 내가 내 삶의 의미를 말해 준다고 하면 여러분은 내 맞춤복에 여러분의 몸을 끼워 넣으려 할 거예요. 그렇게 하는 것은 아무런 도움이 되지 못합니다. 누추해도 내 몸에 맞는 맞춤복을 가져야 합니다." 여러분이 몸에 맞는 '삶의 의미'라는 옷을 마련하는 데에 이 책이 도움이 되었으면 한다.

이 책은 과도한 양의 과제 때문에 밤을 새워 글을 쓰고, 또 눈치 보지 않고 열정적으로 토론했던 학생들이 없었다면 집필조차 가능하지 않았을 것이다. 이제는 대학을 졸업하고 자기 삶을 살아가는 그 학생들에게 이 책을 헌정하고자 한다. 또 이 글을 꼼꼼하게 읽고 잘못되거나 모자란 부분을 교정해 준 가까운 친구 윤상은 박사에게 깊이 감사한다.

차례

들어가며 • 005

1
지혜란 무엇인가

지도, 시계, 나침반 • 013
나-나들, 나-타인, 나-'그것'과의 관계 트라이앵글 • 016
   오늘의 지혜: 인드라망(因陀羅網)과 관계 트라이앵글 • 020
지혜의 삶, 의미와 품격 그리고 아름다움 • 022
성서의 지혜문학, 신과 지혜 • 033

2
혼돈과 어둠을 이기는 지혜, 《잠언》

혼돈 괴물 • 039
바늘로 찌르는 말, 《잠언》 • 049
창조의 지혜와 그 기쁨 • 054
   오늘의 지혜: 노동, 기쁨과 고통 사이에서 • 059
두 종류의 지혜 • 060
지혜와 삶의 열매 • 067
야웨 경외는 으뜸 지식이다 • 074
지혜 여인의 초청과 그 열매 • 080

3

고통에 맞서는 고귀한 지혜, 《욥기》

창조 이야기가 설명하는 이상세계 • 087
실낙원 • 095
펜으로 쓴 가장 위대한 책《욥기》• 106
제1막, 지혜자 욥과 고통 • 111
제2막, 가중된 욥의 고통과 주변 사람들 • 131
제3막, 욥의 논쟁 • 142
 오늘의 지혜: 인지심리학에서 본 욥과 세 친구 • 153
《욥기》의 결말 • 163

4

덧없는 삶을 즐기는 지혜, 《전도서》

코헬렛 • 169
헤벨 • 176
레우트 루아흐 • 189
 오늘의 지혜: 인습(因習)과 피상(皮相), 그리고 지혜 • 202
나는 깨달았다! • 204
삶의 범위를 줄여라, 즐기는 것이 허락되었다 • 211
우리에게 허락된 것들은 선물 • 215
혼자보다는 둘, 그리고 그 이상 • 220

5

삶을 조소하는 지혜, 《야고보서》

우리는 누구이고자 하는가 • 225
위기지학과 위인지학 • 234
《야고보서》개관 • 240
하느님의 벗이자 농부 • 247
  오늘의 지혜: 이상형과 이상적 인간 • 259
위로부터 오는 지혜와 악마의 지혜 • 261
사랑과 차별 • 273
경건 • 282
누가 지혜롭고 현명한 사람입니까 • 292

마치며 • 296

지혜란 무엇인가

1

지도, 시계,
나침반

거대한 놀이공원에 왔다고 상상해 보자. 이곳을 제대로 즐기려면 안내서가 필요하다. 자칫 눈앞의 놀이기구를 타려고 긴 줄에 섰다가 자신이 더 좋아하는 놀이기구를 타지 못한 채 공원 폐장 시간이 다가올 수 있기 때문이다. 내 취향에 맞는 식당도 골라야 하고 리뷰도 봐야 한다. 쉴 곳과 포토존도 미리 알아 두면 동선을 짜기에 좋다. 그렇다면 일단 '지도'가 필요하다. 그다음엔 '시계'가 있어야 한다. 한곳에서 너무 오랜 시간을 보내면 안 되고, 그렇다고 시간에 쫓겨 충분히 즐기지 못하면 그것도 성공한 게 아니다. 지도를 들고, 시계를 찬다.

 마지막 한 가지 더 필요한 게 있다. 그것은 내가 정말 무엇을 좋아하는지 알아야 한다는 것이다. 《어린 왕자》의 저자 생텍쥐페리가 한 말이 떠오른다. 그는 비행기를 몰다

불시착했는데 다행히 지도가 있었다. 그러나 그것을 한동안 보고 있어도 어떤 도움도 되지 않았다. 왜냐하면 자기가 어디 있는지 몰랐기 때문이다. 우리는 내가 누구인지, 무엇을 기뻐하는지, 무엇에 설레는지 잘 모를 때가 많다. 나에게 '나'는 미스터리다. 그래서 나의 위치와 방향을 알려주는 '나침반'이 필요하다.

놀이공원에서 즐길 때도 지도, 시계, 나침반이 필요한데, 우리의 삶에서는 어떨까? 누구에게나 이번 생은 처음이다. 진부한 표현이지만 인생은 종종 '망망대해'로 불린다. 영어로 번역하면 'all at sea'인데, 배가 '항해 중'이라는 뜻도 있지만 그보다는 혼란스러워서 어쩔 줄 모르는 상태, 즉 표류를 의미한다. 방향도, 갈피도, 목적도 모두 명확하지 않고, 그래서 무엇을 해야 할지 몰라 그저 시간에 밀려나는 상황이다. 살아보면 그렇지 않은가. 우리의 삶에도 나침반, 지도, 시계가 필요하다. 인간에게 필요한 이것을 통칭해 '지혜'라고 부른다.

축적된 지혜를 기록한 '지혜 문헌'은 동서고금 어디에나 존재한다. 인간은 지혜를 원하고 찾아내고 누린다. 그리고 그것을 나눈다. 인간을 호모 사피엔스, 곧 슬기 혹은 지혜 인간이라고 부르는 것은 지혜가 인간의 특징을 오롯이 잘 보여주기 때문이다. 오늘날 우리에게 가장 친숙한 지혜 문헌은 '자기계발서'일 것이다. 여기에는 인생의 '성공'을 위한 여러 가지 팁, 전략, 교훈, 경험 등이 망라해 있다. 근래에도 서점에서 가장 많이 팔리는 도서 분야이며, 헤아릴 수 없이 많은 자기계발서가 베스트셀러에 오른다.

그런데 '성공한 사람들'의 이야기에서도, 자기계발서의 저자들도 자기계발서를 읽고 성공했다고 말하는 건 좀처럼 들어보지 못했다. 내가 아는 어떤 작가는 몇 년에 걸쳐 자기계발서를 읽은 뒤 그것들을 '거대한 사기극'이라고 불렀다. 그러나 그 책의 저자도 책의 자극적인 제목과는 달리 나쁜 자기계발서와 좋은 자기계발서를 구분한다. 고대로부터 이어지는 지혜의 한 측면이 '자기'와 관련되어 있음은 분명하고, 지금의 '나'는 여전히 개간의 여지가 남은 황무지다. 자기를 계발 혹은 개발하는 게 나쁠 리는 없지 않은가. 다만 많은 자기계발서의 문제는 삶의 문제와 해결 방식을 단순화하거나 '좋은 삶'에 관한 이해가 충분하지 않다는 데 있다.

나-나들, 나-타인, 나-'그것'과의 관계 트라이앵글

좋은 삶을 위해서는 내가 네트워크 속에 있다는 사실을 깊이 파악할 필요가 있다. 인간은 홀로 있어도 혼자가 아니다. 우리는 단수인 '나'가 아니고 복수인 '나들'로 존재한다. 인간은 자기 성찰의 존재이고, 나는 '성찰하는 나'와 '성찰의 대상이 되는 나', 그 외에 '기억과 체험의 나'로 구성된 '나들'이다. '나들'을 면밀하게 구분하고, 상황에 맞도록 통합하지 않으면 사람은 분열 상태에 있거나 매몰로 진입한다. 자기 분열과 자기 매몰 모두 '나들의 통합으로서의 나'를 위협한다.

성찰의 대상인 나를 가혹하고 매몰차게 몰아세우는 '성찰하는 나'가 빚어내는 파괴적 결과를 예상하기란 어렵지 않다. 반대로 성찰의 대상인 나와 성찰하는 나가 분리될 수 없을 만큼 하나인 자기애를 지닌 사람은 언제나 주변과 불화한다. 나는 나에게도 미스터리다. 미스터리로서 나의 한쪽 극단에는 자기애를 맴돌며 사는 나르시시즘이 있고, 다른 쪽에는 자기혐오 혹은 자기 경멸이 있다. 둘은 양극단에 있지만 나와 주변을 불행하게 만든다는 점에서는 다를 바 없다.

나는 '나-나들-관계 맺음'의 건강한 존재여야 한다. 여기에 주요한 지혜의 주제는 비판적 자아 성찰, 자기 절제, 회복력, 자아 통합, 자기 수용 등이다. 나는 나의 가장 좋은 친구로서 위로하고 힘을 북돋고 비판하며 결국은 낯설고도 익숙한 나를 수용해 통합을 이루어야 한다. 심리학자 칼 융(Carl Gustav Jung)의 용어를 빌리면 이를 '개성화'라고도 할 수 있다.

'나들의 통합인 나'는 다른 '나들', 곧 타인과의 관계 속에 있다. 타인과 내가 사는 공간을 사회 혹은 공동체라고 부르는데, 그것들은 '야생의 정글'이 아니라 문명과 문화의 질서로 형성된 나와 타인의 시공간이다. '야생의 정글'은 질서랄 것도 없는 약육강식이며 적자생존의 공간을 상징하려 쓴 말이다. 반면 '사회·공동체'는 안전과 번영을 위해 공존을 모색하기로 한, 그래서 공존 혹은 병존의 질서,

다른 말로 하면 문명과 문화가 질서로 자리 잡은 곳을 상징한다.

내가 '나들'과 관계를 맺는 데도 건강한 방식이 있듯, 내가 사회·공동체에서 관계를 형성할 때도 적절한 방식이 있다. 사회·공동체와 완전히 일치된 사람이나 반사회·반공동체적 인물 모두 자신과 사회에 해가 된다. 타인을 사회·공동체 그 자체로 보는 것이나 타인을 그것에서 완전히 분리된 이질적 존재로 보는 것 모두 폭력을 불러온다. 나는 '나-타인-관계 맺음'의 알맞은 존재여야 한다.

'나-타인-관계 맺음'의 존재들은 자신과 질적으로 다른 타자와의 관계 속에 있다. 인간은 생물학적, 화학적, 물리적, 그리고 종교·신화적 시공간 속에 있다. 나와 '나들'이나 나와 타인은 같은 종의 인간이다. 그러나 인간이 아닌 다른 타자가 있다. 인간은 다른 생명과 비생명 존재들, 그리고 알 수 없는 '더 높은 힘'과도 더불어 존재한다. 비인간 타자를 '그것'이라고 통칭할 수 있다. 인간은 비인간 타자인 그것과 영향을 주고받으며 더불어 살아가지만, 그 더불어 사는 관계가 파괴적일 때 인간 역시 파멸의 위험에 놓인다. 가령 인간은 과학의 발달로 생태계에 변화를 주었고,

그 변화는 기후 위기의 형태로 고스란히 인류에게 돌아왔다. 나는 '나-그것-관계 맺음'의 적절한 존재이기를 바란다. 그것을 함부로 하거나, 그것에 휘둘리는 것 모두 파괴적이다.

나보다 '더 높은 힘', 곧 신이나 초월자 혹은 성(聖)으로 불리던 존재가 있다. 인간은 '더 높은 힘'과 아주 오래전부터 관계를 맺어 왔다. 종교학자들은 인간이 생존 욕구와 더불어 초월을 향한 욕구도 가지고 있다고 주장했다. 무수히 많은 고고학 증거나 기록은 인간이 종교적 존재임을 입증한다. 인간은 생존만큼이나 초월을 향한 근원적 목마름을 가지고 있었다.

오늘의 지혜
인드라망(因陀羅網)과 관계 트라이앵글

불교의 경전인 《화엄경》은 '인드라망'을 강조한다. 이것은 인도의 신 '인드라'의 '그물'을 뜻하는 산스크리트어 '인드라잘라(इन्द्रजाल)'에서 유래했는데, 세계의 모든 것이 서로 영향을 주고받으며 연결되어 있다는 가르침이다.

인드라가 머무는 곳은 구슬이 달린 그물로 만들어졌는데, 각 구슬은 다른 구슬을 비춘다. '서로를 비추는 구슬로 이루어진 그물'이라는 은유는 우리에게 어떤 존재라도 긴밀하게 연결되어 있고, 이 연결 덕분에 존재의 생멸과 행동이 전체 그물망에 영향을 미친다는 것을 일깨운다.

구슬은 자신을 비추는 다른 구슬에서 자신의 모습을 볼 수 있기에 자신을 알려면 타자가 필요하고, 자신 역시 타자를 위해 역할을 한다. '나'를 위해 '너'가 필요하고, '너'도 '나'를 요청하니 서로 존중과 책임감을 갖고 대해야 한다. 너의 파괴는 나의 몰락과 다르지 않고, 너의 번영은 나의 풍요이기에 어긋나지 않는다.

이렇게 서로를 비추고 그리하여 서로의 생존과 번영에 관여

하는 이 멋지고 장엄한 풍경을 '중중무진(重重無盡)'이라고 부른다.

'나'는 전체에 속하고, 전체 역시 나의 움직임에 영향을 받으니 전체에서 나를, 나에서 전체를 조망하는 지혜를 얻을 수 있다. 나-나들, 나-타인, 나-'그것'과의 건강한 관계 트라이앵글을 모색하는 것은 이 인드라망이 주는 통찰과 다르지 않다.

지혜의 삶, 의미와 품격 그리고 아름다움

앞에서 언급한 세 관계 맺음의 방식과 형태, 질 등을 삶에서 잘 구현하는 기술이 바로 '지혜'다. '지혜'로 번역하는 성서의 언어는 크게 두 가지다. 구약성서를 기록한 히브리어로는 '호크마(חכמה)'이고, 신약성서를 기록한 헬라어로는 '소피아(σοφία)'다.• 호크마는 이후에는 여러 깊은 뜻을 품은 용어가 되었으나 기본적인 뜻은 '기술'이다. 가령 도배는 누구나 할 수 있지만 잘하려면 도배 기술이 필요하다. 마찬가지로 누구나 살아간다. 그러나 잘 살려면 삶의 기술이 필요하다. 그 삶의 기술을 지혜라고 한다. 그런데 '잘 산다'는 것은 어떤 의미일까? 우리는 부유한 삶을 '잘 산다'고 말한

• 그리스도교에서 흔히 '구약성서'라고 부르는 책은 유대교에서도 경전이며 따라서 그 책을 '히브리 성서'라고도 부른다. 이 책에서는 '구약성서'라고 하겠다.

다. 그러나 많은 사람이 힘주어 말하지만 '잘 사는 것'과 재산은 상관관계일 수는 있어도 인과관계는 아니다.

나는 '잘 사는 삶'은 의미, 품격, 아름다움의 세 가지 범주를 잘 구현한 삶이라고 생각한다. '의미 있는 삶'이란 무엇인가? 다양한 정의가 있겠지만 '삶을 지속하게 하는 가치를 실행하는 삶'이라고 말할 수 있다. 왜 사는가? 살 이유가 있어야 한다. 물론 사는 이유를 발견하지 못했다고 해서 곧바로 죽지는 않는다. 그러나 우리는 살아야 할 이유를 찾으려 하고, 그 이유와 목적이 우리에게 있기를 바란다. 그래서 그것을 찾거나 그것이 주어지면 삶을 지속할 목적과 이유가 생긴다.

삶을 지속하게 하는 가치, 그것을 실행하면 그 삶은 의미 있는 삶이 된다. 그렇다면 그런 가치는 무엇인가? 성경 속 《창세기》의 창조 이야기는 혼돈과 공허와 어둠과 심연에서 피어난 의미를 알려 준다.• 창조란 한마디로 '혼돈에 질서를 부여해 생명을 낳는 것'이다. 《창세기》 1장 2절은

• 우리가 논의하는 지혜는 창조에서 매우 중요한 역할을 하는데 이것에 대해서는 2장의 《잠언》에서 더 자세히 이야기하고자 한다.

이렇게 쓴다.

땅이 혼돈하고 공허하며, 어둠이 깊음 위에 있었다.

사는 내내 우리가 발 딛고 있는 이 '땅'이 혼돈하고 공허하게 느껴질 때가 많다. 깊이를 알 수 없는 구덩이가 있고, 그것을 헤아리는 것 자체가 현기증을 일으킨다. 혼돈과 공허와 어둠과 깊음, 이 네 가지 심상은 생명이 자라지 않는 사막이나 거친 광야를 떠올리게 한다. 그곳은 생명체가 없는 빈 곳이다. 나무와 풀이 없고, 그러니 동물도 없다. 가끔 동물의 사체를 노리는 새들만이 광야를 가로지를 뿐이다. 또 이렇게도 상상해 볼 수 있다. 큰 바다에 빠졌는데 눈을 떠 아래를 보니 끝을 모르겠고, 그 심연의 어둠이 나를 끌어당기고 있다. 어둠이 깊음 위에 있는 장면이다. 바다의 저 심연, 생명체도 감히 살지 못하는 그곳. 혼돈, 공허, 어둠, 깊음 이 네 가지 심상은 고통과 허무로 뒤덮인 우리 삶을 잘 포착한다.

창조는 어둠에 빛을 비춘다. 그러니 길인 곳과 낭떠러지가 구분된다. 가야 할 곳과 가서는 안 되는 곳이 밝게 나타난다. 창조는 큰 바다의 경계를 정하고 땅을 드러나게 한다. 질서를 세우는 것이다. 풀과 나무, 그리고 하늘의 새와 땅의 짐승과 바다의 물고기라는 생명이 태어난다. 혼돈에 질서를, 공허한 곳에 생명을, 어둠에 빛을, 깊음에 경계를 만드는 것이 창조이며, 이 창조를 통해 이 세상에 생명이 태어난다.

창조 이야기는 우리에게 삶을 지속시킬 가치를 드러낸다. 의미란 생명이 없는 공허한 곳에 생명을 키우고, 혼돈에 질서를 부여해 참과 거짓, 옳음과 그름, 아름다움과 추함을 구분한다. 농부가 버려진 땅을 개간하는 장면을 떠올려 보자. 아무렇게 피어 있는 잡초와 크고 작은 돌로 이루어진 야생지가 있다. 한 농부가 쟁기와 낫을 들고 땅을 고르고 돌을 옮기고 잡초를 벤다. 그곳에 곡식을 심는다. 공허하고 혼돈한 야생의 땅이 아니라 생명이 움트고 자라는 밭이 탄생한다. 영어 단어 'cultivation(경작)'과 'culture(문화)'는 모두 라틴어 '쿨투스(cultus)'에서 유래했는데, 이것은 경작, 문명, 우아함, 예배 등을 뜻한다. 창조는 생명의 쿨투스다. 또 무지와 그것이 불러온 두려움과 공포에 빛을 주어 무지에서 지혜와 지식을 창출하고, 두려움과 공포를 물리쳐 삶의 가능성을 풍성하게 실현한다.

《창세기》는 인간을 창조자 신의 파트너로 묘사한다. 인간은 신의 창조 파트너로서 크게는 우주와 역사와 사회와 문화, 작게는 나와 내 가족의 삶을 생명의 질서가 바로 잡히고 이로써 풍요로운 삶이 되도록 만든다. 여기서 의미가 발생한다.

'잘 사는' 것은 의미에 품격을 더한다. 사전적 정의에 따르면 '품격'은 그 사람의 바탕과 성품과 인격이 다른 사람을 감화시키는 성질이다. 누군가의 말과 행동과 생각이 일반적이거나 일상적인 수준에 있지 않고 품위가 있으면, 거기에 감동하고 그와 같이 되고자 하는 마음이 생긴다. 그냥 부러운 것과는 다르다. 부러운 것은 누군가가 '가진' 무엇으로도 가능하다. 만약 누군가가 엄청난 재력과 지위와 권력을 누린다면 우리는 그가 '부러울' 수 있다. 그러나 그에게 감화되진 않는다. 만약 그에게 품격이 없다면 우리는 '그'처럼 되고 싶어 하지 않는다. 그가 가진 것을 가진 '나'이고 싶을 뿐이다. 그러나 품격 있는 사람을 만나면 우리는 그가 '가진' 무엇이 아니라 '그 사람 자체'를 높이 올려다보고 감동한다.

품격은 어디서 올까? 여러 생각을 종합해 보면 크게 두 가지다. 하나는 대가를 바라지 않는 희생과 헌신이다. 사랑이나 대의 등 나를 넘어선 더 큰 무엇을 향한 헌신과 이것을 위해 기꺼이 희생할 수 있는 자세다. 또 다른 하나는 그것을 가능하게 만드는 '희망하는 능력'이다.

좁은 '나'에서 벗어난 사람은 품격을 갖춘다. 자기를 돌보고 사랑하고 아끼는 것은 당연하지만 '나'에게 집중된 사람은 타인의 평가나 비판을 견뎌내기 어렵다. 이는 장애로 판정받기도 한다. 자기애성 인격장애를 가진 사람을 본 적이 있을 것이다. 그들은 자신을 과도하게 중요한 존재로 인식한다. 따라서 타인에게 존경을 요구한다. 자기만 중요하고 다른 모든 이들은 자신을 존경해야 한다고 믿는 사람이 타인을 상대로 공감의 필요성을 느끼진 않을 것이다. 그러므로 그들은 공감 결여의 특징을 보인다.

또한 권력과 성공 혹은 외모가 타인의 존경과 부러움을 유발하기 좋은 통로이기에 자기애성 인격장애를 가진 사람들은 거기에 과도하게 집착하는 경향이 있으며, 그 목표를 달성하기 위해 주변 사람들을 이용, 남용, 오용하고 조작하려 한다. 당연히 자기 목표 달성의 장애물인 경쟁자는 제거하고자 한다. 그러나 그들은 늘 질투에 시달리곤 하는데, 언제나 그보다 '더 높은 사람'이 있기 때문이다. 좁은 '나' 속에 갇히는 것은 일종의 '자기 맴돌'이다. 열심히 자기 자신을 맴돌고 있지만 그럴 때조차도 자기 안은 텅 비어 있다. 그러니 불안이 커질 수밖에 없다.

품격은 나를 사로잡는 대의, 사랑 등의 아름답고 놀라운 가치를 타인과 공유할 때 성립한다. 이 품격은 희망할 수 있는 능력과 긴밀하게 연결된다. 희망은 좁은 '나'로부터 벗어나 헌신과 희생이 결코 헛되고 덧없고 부조리하다고 절망하지 않는 것이다. 아주 작은 것부터 큰 것에 이르기까지 말이다. 나는 가끔 롱펠로(Henry Wadsworth Longfellow)의 〈화살과 노래(The arrow and the song)〉라는 시를 읊는다.

화살 하나 공중에 쏘아 올렸지.
땅에 떨어졌고, 나, 그것 어디에 있는지 몰랐네.
화살, 너무 빨리 날아가
아무도 그걸 볼 수 없었지.

노래를 한 곡 공중에 불러 올렸지.

땅에 떨어졌고, 나, 그것 어디에 있는지 몰랐네.
노래, 너무 빨리 날아가
아무도 그걸 볼 예리하고 강한 눈이 없었지.

아주 오랜 후
부러지지 않은 그 화살
통나무 위에서 보았고,
처음부터 끝까지 온전한 그 노래,
친구의 가슴 속에서 보았네.

    참나무에 박힌 부러지지 않은 화살, 친구의 가슴속에 처음부터 끝까지 남아 있는 노래는 언젠가 누군가에게 발견된다. 내가 친구의 노래를 발견할 수도 있다. 내가 부른 노래가 누군가의 노래가 될 수도 있다. 희망이 없으면 헌신과 희생의 노력은 타인을 향한 비난으로 이어지기 쉽다. '나는 이렇게 하는데 너희는 무엇이냐?'라며 다른 이들을 타박한다. 희망은 헌신하고 희생하는 이들이 역사를 통해 오늘의 사명을 현재에 행할 수 있도록 힘과 용기를 준다. 희망은 미래에 실현될 일을 오늘 여기서 행하는 것이다. 그러니 희망을 가진 사람은 이미 성취한 사람처럼 살 수 있고, 이미 성취한 사람이니 품격이 있다.

마지막으로 의미에 품격을 더한 삶이 아름다움과 자연스러움으로 이어질 때 그 삶은 '잘 사는' 것을 온전히 이루었다고 할 수 있다. 의미 있는 삶과 품격 있는 삶을 살아가는 것은 결코 쉽지 않다. 그런데 그 과정이 아름답고 자연스럽다면 그것은 정말 대단한 것이다. 예전에 미술을 가르치는 교수이자 화가를 다룬 TV 프로그램을 본 적이 있다. 대학원생을 지도하는 수업이었는데, 한 학생의 작품을 들여다보다가 그 교수가 이렇게 말했다. "이것을 그리느라고 참 애썼구나. 그렇지?" 학생은 자신의 노력과 인내를 알아주는 교수가 고마웠던지 바로 "예, 그렇습니다"라고 답했다. 그 교수의 그다음 말이 오랫동안 기억에 남는다. "그런데 그렇게 고생하고 애쓴 게 작품에 그대로 드러나면 안 된다."

천의무봉(天衣無縫)이라는 말이 있다. 문자적으로는 하늘의 옷에는 바느질한 흔적이 없다는 뜻이다. 기교가 드러나지 않고 자연스러워 극히 아름다운 옷이다. 시나 문장이 매우 자연스러워 흠이 없을 때도 그 글을 천의무봉에 비유한다. 의미 있는 삶을 사는 어떤 사람이 품격을 갖추었다. 그런데 그의 언행에서 고통의 트라우마가 드러나지 않는다면 우리는 그 앞에서 자유를 얻고 그 사람 자체를 즐길 수 있다. 천의무봉은 흠결이 없고, 깨끗하고 순진하기가 어린아이와 같은 상태를 가리키기도 한다. 아름답고 자연스러운 삶은 우리가 의미 있는 삶, 품격 있는 삶을 위해 노력하다가 저지르는 잘못을 돌아보게 한다. 자기희생과 금욕에 '몰두'하다가 자신과 타인을 괴롭히는 결과로 나아가는 것이다.

> 자기 부정의 삶은 사람을 억울하게 만든다. 자신은 희생하고 있는데 남들이 자신을 적절하게 존중해 주지 않는다는 생각에 사로잡힌다. 그들은 이 억울함을 더 높은 기준을 서로에게 요구하고 기준에 미치지 못하는 사람을 비난하고 독설을 퍼부음으로써 해소한다. 또한 억울함은 자기주장에 충분히 근거를 대지 않아도 괜찮다는 인식론적 오류로 이어지기도 한다. … 자기 부정의 삶을 따르는 사람들은 명예를 통해 자기를 입증하는 것 외에는 가치를 경험할 수 없다.•

의미와 품격은 아름답고 자연스러운 차원에서 완성된다. 그런 삶은 가지런한 삶이 아닌가 생각해 보기도 한다. 욕망이 가지런해 품위 있고, 정서적으로 가지런해 아름답고 자연스러우며, 지성이 가지런해 높은 가치를 추구하는 가지런한 삶! 이와 같이 지혜 있는 사람이란 말과 생각, 그리고 태도와 행동의 모든 방면에서 삶의 기술을 숙달한 사람이라고 말할 수 있다.

● 이한, 《삶은 왜 의미 있는가?》, 미지북스, 2016, 9-10.

성서의 지혜문학,
신과 지혜

이 책은 그리스도교 성서에서 지혜문학이라고 불리는 책들을 소개하고, 그 지혜를 오늘날 어떻게 적용할 수 있는지 살펴보려 한다. 이것들은 성서 내에서 나름의 순서를 가지고 있지만, 여기서는 《잠언》, 《욥기》, 《전도서》, 《야고보서》의 차례로 풀어내려 한다.

《잠언》은 의미 있는 삶의 지혜를 다룬다. 일상과 개인을 향한 가르침에서 더 나아가 사회의 건강과 안정을 성취하는 지혜를 가르친다. 《욥기》는 통념과 상식이 부서진 세계에서 개인이 잘못 없이 고통당할 때 갖춰야 할 품격 있는 삶의 지혜를 말한다. 느닷없이 침범하는 파괴적인 고통은 비일상적인 동시에 흔한 일이니 《욥기》의 지혜에 의지할 때가 적지 않다. 《욥기》는 인간의 도덕적 세계관에서 구축한 우주적 질서가 의심될 때 인간이 어떤 태도를 갖춰 삶을 보존해야 하는지를 가르친다.《전도서》는 인간의 삶을 우주의 영원성과 질서와 조화에 놓인 '찰나'로 이해하고 그에 맞는 지혜를 알려주려 한다. 그것은 일상에서 얻을 수 있는 기쁨이다. 아름답고 자연스러운 삶의 지혜다.《야고보서》는 고난과 허무와 혼돈에 맞서 그리스도교가 추구하는 지혜에 도달한 인간형을 제시한다.

성서는 지혜가 신의 속성이라고 말하며, 신에게 속한 지혜를 구하는 것이 지혜의 핵심이라고 선언한다. 또 지혜가 신으로부터 나온다고 고백하고 찬양한다. 창조와 지혜를 매우 깊이 연결하기도 한다. 이것은 동시대 지혜 문헌에서는 그렇게 특이하지 않으나 무종교인이 적지 않은 오늘날 우리 사회에서는 의아한 것일 수 있다. 현재 우리 사회에서 지혜라고 불리는 모든 것은 '인간의 것'이기 때문이다.

현대인은 신이 존재하는지를 묻는다. 하지만 고대 지중해 세계에서 신이 존재하지 않는다고 주장하는 사람이 있다면 그 이유가 무엇인지 당장 근거를 대라고 추궁했을 것이다. 당시 그곳의 사람들은 하늘, 바다, 땅, 지하 세계, 도시 등 모든 곳에는 자신의 영역임을 내세우는 신이 있다고 믿었다. 누군가 바다에 나가 큰 화를 당했다면 그것은 어떤 불경한 말이나 행동으로 바다의 신을 노하게 한 까닭일 수 있다. 해를 입은 사람이 자신의 언행을 세밀히 살펴도 이유를 알 수 없을 때 그들은 신에게 자신이 충분한 찬사와 감사를 표하지 않았다고 결론 내릴 가능성이 크다.

고대 지중해 세계의 신은 현대인이 생각하는 신과는 사뭇 다르다. 가령 그리스-로마 신화를 떠올려 보자. 그곳에 등장하는 신들은 우리가 기대하는 신처럼 행동할 때도 있지만 인간 사회에서 일어나면 엄히 지탄받을 일들을 마구 행하는 것도 볼 수 있다. 더구나 그 행동에 대한 대가를 종종 자신이 아니라 인간들이 치러야 할 때도 있다. 우리나라 민간 신앙에서도 그렇듯이 사람들은 신을 어르고 달래 기분을 좋게 해주어야 했다. 오늘날의 관점에서 힘센 존재의 비위를 맞추는 것은 윤리적 삶과 거리가 있다. 그러나 다행스럽게(?) 성서의 신인 야웨는 변덕스럽거나 비위를 맞춰달라고 협박하는 신이 아니다. 간혹 구약성서에는 오늘날 선뜻 이해하지 못할 이야기들이 있지만 당시의 역사, 사회, 문화적 배경으로는 얼마든지 설명할 수 있다.

성서의 지혜문학은 신을 전제로 한다. 하지만 오늘날 그 전제를 받아들이지 못한다고 해서 지혜문학이 난센스

일까? 꼭 그렇지는 않다. 그것은 세계 어느 곳에나 있는 '경건' 혹은 '신비' 등으로 부분적으로 대치할 수 있다. 우리에게 우주의 크기와 역사의 넓이 앞에 고개 숙이는 태도와 감정이 있다면, 겸손할 수밖에 없는 인간 실존에 대한 이해와 부끄러움이 있다면, 타인의 얼굴을 들여다보다가 나의 이기적인 주장을 돌이키려는 자세가 있다면, 곤경에 빠진 누군가에게 대가 없이 선뜻 내미는 손길이 있다면 우리는 이를 '경건' 혹은 '신비'라고 부르며, 이로써 지혜문학을 읽을 수 있다. 고대 로마 제국의 통치자들은 경건(pietas)을 신과 인간을 대하는 근본 태도로 가르친 바 있다. 위에서 열거한 경건과 신비는 신 없이도 성서의 지혜문학 읽기를 가능하게 해줄 것이다.

혼돈과 어둠을 이기는 지혜, 《잠언》

2

혼돈
괴물

이집트 신화에 '아펩'이라는 신이 있다. 고대 그리스어로는 '아포피스(Ἄποφις)'라고 불리는데 이 이름이 더 익숙한 독자들도 있을 것이다. 고대 이집트 신화에서 이 신은 거대한 뱀으로 등장한다. 어둠과 혼돈의 상징이자 그것들의 신이다. 아펩이 우주를 지배했다면 생명과 번영은 없었을 것이다. 생각해 보라. 어두운 땅, 혼돈의 땅에서 꽃 피울 수 있는 생명이 있을까? 그런데 세상에는 생명이 존재한다. 고대 이집트 사람들은 '아무것도 없지 않고 이렇게 무엇인가 있는 세상'이 그들의 최고의 신 '라' 덕분이라고 믿었다.

'라'는 태양의 신이다. '태양'은 빛을 밝힌다. 어둠에 빛을 비추면 모든 것이 환하게 드러나고, 만물이 빛 아래에서 제 모습을 드러내면 우리는 그것들을 보며 이름을 붙이고, 성질을 파악하고, 규칙을 관찰한다. 이것이 바로 '질서'다.

빛은 질서를 가져오는데, 바로 이 '질서'를 뜻하는 이집트의 중요한 신의 이름이 '마아트'다. 라(빛)는 마아트(질서)를 가져오는 셈이다.

아펩과 라는 매일 서로 대결한다. 아펩은 뱀이나 악어들이 사는 습한 곳 혹은 물과 연결된다. 물의 근원인 심상 역시 혼돈이다. 제어된 물은 생명체의 요람이지만 통제되지 않은 물은 죽음을 몰고 온다. 모든 것을 휩쓸고 질서를 완전히 흩뜨린다. 성난 바다를 떠올려 보라. 인간이 도저히 맞설 수 없는 바다, 그 태초의 바다에 아펩이 살았다. 라는 모든 것을 야만과 혼돈으로 돌리려는 아펩과 싸운다. 모든 생명이 라에게 기대하는 것은 아펩이 지상에 올라오지 못하도록 하는 것이다. 지평선 아래 아펩이 머물도록 라는 매일 태양으로 떠올라 '어둠'을 물리친다. 오늘날 우리도 '어둠을 물리친다'라는 말을 쓰는데, 이렇게 어둠과 전투를 벌이면서 빛을 비춘다는 심상은 동서고금에 널리 퍼져 있다.

라와 아펩의 전투에서 인간은 라의 편을 들고 그 신을 지지한다. 이것이 고대 이집트 라 제사의 핵심이다. 기도와 예배로 인간들은 빛과 질서를 옹호하고, 이를 통해 살고 번영하려 한다. 주술과 주문은 일상에서, 또 숨을 거둘 때 어둠과 지하 세계에 사는 아펩에 맞서기 위해 행해졌다.

고대 근동 신화에는 아펩과 같은 혼돈의 신이 여럿 있다. 이를 묶어 '혼돈 괴물'이라고 부른다. 서양에서 만든 이 명칭은 그리스어 '카오스(χάος)'에서 비롯되었다. 카오스는 질서 있는 세계가 존재하기 전 텅 빈 것과 같은 상태를 가리킨다. 이 '텅 빔'은 아무것도 없는 상태라기보다 무언가가 마구잡이로 널브러져 분간이 안 되는 상태를 뜻한다. 그곳에는 생명체가 거의 살지 않고, 있다 해도 그곳을 그렇게 만드는 '괴물'일 뿐이다. 따라서 카오스는 심연, 곧 깊은 골짜기나 끝을 알 수 없는 물과 관련이 있다. 혼돈 괴물은 무질서, 어둠, 심연, 텅 빔을 불러오는 존재다.

카오스는 우리말로 '혼돈'이라고 번역한다. 이것에 해당하는 한자어는 두 개다. 하나는 '混沌'으로, 앞의 '混'은 '섞이다, 흐르다'를 뜻하고, 뒤의 '沌'은 '덩어리가 엉기거나 사리에 밝지 않고 어두운 것'을 의미한다. 또 하나는 '渾沌'으로, 앞의 '渾'은 '흐린 것'을 가리킨다. 이를 종합하면 혼돈은 사물이나 사태가 엉기고 섞여 흘러 종잡을 수 없는 상태이고, 그것을 파악하기에는 시야가 어둡고 흐린 상황을 뜻한다. 카오스를 '혼돈'으로 번역한 것은 탁월한 선택이었다. 혼돈에 관해 《장자》의 '응제왕 편'에 흥미로운 이야기가 있다.

남해(南海)의 왕 숙(儵)과 북해(北海)의 왕 홀(忽)은 중앙의 왕 혼돈(渾沌)을 그가 사는 곳에서 종종 만났다. 혼돈은 둘을 잘 대접했는데, 둘은 혼돈에게 고마운 마음을 표하고 싶었다. 그들은 "사람은 모두 구멍이 일곱 개가 있고, 그것을 통해 보고 듣고 먹고 숨 쉬는데, 혼돈만은 없습니다. 우리가 시험 삼아 구멍을 뚫어줍시다"라고 합의했다. 이후 혼돈에게 하루에 하나씩 모두 일곱 개의 구멍을 뚫어 주었다. 그러자 혼돈은 7일째 되는 날 죽어 버렸다.

대체로 이 이야기는 '혼돈'이라는 '자연'에 시각, 청각, 미각 등 분별하는 능력을 부여하는 것은 '자연'을 죽이는 일임을 고발하는 것으로 해석된다. '분별'이 생기면 '혼돈'은 죽는다. 누군가는 여기서 이른바 '동양 대 서양'의 혼돈을 바라보는 대립 구도를 읽어내려 할지 모른다. 그러나 장자가 맞서려던 것은 폭압적인 인위(人爲)였음을 잊어서는 안 된다. '분간'되지 않는 문명이나 문화란 존재할 수 없기 때문이다.

혼돈은 구분과 분간, 곧 차이의 인식과 생명을 품어내

는 질서가 탄생하면 '죽는다'. 그러나 혼돈 괴물은 죽여도 죽지 않고 다시 살아난다. 그래서 라는 매일 아침 태양으로 어둠인 아펩과 전투를 치러야 한다. 매일 죽여도 매일 살아나는 어둠과 혼돈은 생명과 질서를 삼키려는 괴물이다. 이 혼돈 괴물은 여러 모습으로 바뀌어 우리 앞에 나타난다.

먼저는 무시무시한 원초적 자연의 괴력이다. 이미 언급했듯 통제되지 않는 물 이미지가 혼돈 괴물의 심상이다. 고대 바빌로니아 신화의 혼돈 괴물은 '티아마트'라는 모신(母神)이다. 이것 역시 뱀의 형상을 하고 있는데 염수, 즉 바다의 근원이다. 그는 '마르두크'라는 창조신과의 대결에서 패배하고, 이후 세상은 비로소 꼴을 갖춘다. 구약성서는 물론 페니키아 신화에도 등장하는 사나운 바다 괴물 '리바이어던' 역시 혼돈 괴물이다. 뱀과 닮은 용은 이런 혼돈 괴물의 이미지로 서양 역사에서 악의 상징이 되었다.

혼돈 괴물은 자연의 괴력만으로는 나타나지 않는다. 그것은 인간의 탐욕과 긴밀한 관계가 있다. 물체만이 아니라 인간과 사회 역시 관성의 법칙을 따르는 듯하다. 관성이 그대로 유지될 때 그것을 '평안하다'라고 말한다. 그 평안과 질서는 구성원 모두에게 익숙한 방식이고 그것을 바꿀

⋘

이 그림은 오스틴 헨리 레이어드(Austen Henry Layard)가 1853년에 편집한 《니네베(혹은 니느웨, Nineveh)의 역사적 기념물 두 번째 시리즈(A second series of the monuments of Nineveh: including bas-reliefs from the Palace of Sennacherib and bronzes from the ruins of Nimroud; from drawings made on the spot, during a second expedition to Assyria)》에 실린 것으로 지금은 브리티시 박물관이 소장하고 있다. 니네베는 고대 아시리아의 수도로 현재는 이라크에 속한다.

이 그림에 대해서는 크게 두 가지 해석이 있다. 하나는 마르두크가 번개를 들고 티아마트와 싸운다는 전통적 주장이고, 다른 하나는 안주와 니누르타 사이의 결투라는 근래의 해석이다. 티아마트와 마르두크 이야기는 다른 곳에서 다루기에 후자를 소개한다.

안주는 사자 머리와 독수리 몸을 가진 거대한 괴물로 혼돈과 파괴를 상징한다. 가장 유명한 신화는 신들이 가진 인간의 운명을 결정하는 '운명의 책'을 안주가 훔쳐 하늘로 날아갔고, 신들은 세상의 질서를 유지하고 회복하기 위해 여러 신들을 파견해 책을 되찾아 오려 한다. 그러나 이는 번번이 실패로 돌아갔고, 결국에는 전쟁, 농사, 사냥, 법 등을 관장하는 신인 니누르타가 그 임무를 맡게 된다. 안주는 여러 신화에서 티아마트와 함께 등장하기도 하고 불과 물을 동시에 뿜을 수 있다. 불과 물은 힘과 파괴를 상징한다. 그림에 나온 근육질의 니누르타는 손에 번개를 쥐고 날개를 달았으며 투구와 갑옷으로 몸을 보호한다. 몸에 찬 칼은 그의 무기로 알려진 '지카르(Zikar)'로 보인다. 결국 그는 책을 되찾았고 이것은 인간의 질서와 정의를 다시 되돌려 놓았음을 뜻한다.

이 그림을 티아마트와 마르두크의 전쟁으로 보든, 아니면 안주와 니누르타의 대결로 보든 모두 혼돈과 이에 맞서 질서를 회복하려는 신화적 전쟁을 주제로 한다는 것은 동일하다.

이유가 크지 않는 한 기존 체제는 유지된다. 그러나 인간의 욕망은 평안을 흔드는 강력한 힘이다. 욕망과 탐욕이 불러오는 혼돈과 파멸에 관한 이야기는 문학이나 영화 등의 예술 작품에 무수히 등장한다. 욕망이라는 그 기이한 힘, 그리고 그것의 결과는 가히 혼돈 괴물의 현현이라고 할 만할 때가 있다.

만약 인간의 심리에 관심을 가진 사람이라면 이 혼돈 괴물은 인간 안에 있는 근원적인 두려움과 불안을 뜻한다고 말할 것이다. 최근 주목받는 뇌과학 연구는 두려움과 불안을 인간의 근원 감정으로 제시하는데, 리사 펠드먼 배럿(Lisa Feldman Barrett)은 '두려움 중심 감정 이론(fear-based emotion theory)'을 제안한다.● 두려움과 불안은 진화 과정에서 생존을 위한 가장 필수적인 감정이었다. 위협을 재빨리 감지하고 계산하기 전에 미리 피하는 시스템을 갖춘 개체와 그렇지 못한 개체는 확연히 다른 생존율을 보일 것이다. 위협을 주는 대상을 훨씬 빠르고 오래 기억하는 것은 물론이다. 다른 감정 역시 두려움이 변주된 것이라는 주장도

● 리사 펠드먼 배럿, 최호영 옮김, 《감정은 어떻게 만들어지는가?》, 생각연구소, 2017.

흥미롭다. 이 주장이 계속해서 학계의 폭넓은 동의를 얻을지 여부는 앞으로 진행될 연구에 달려 있다. 그러나 내면을 자세히 관찰하면 두려움과 불안처럼 강력하게 우리 생각과 행동을 결정짓는 감정이 없음을 고백하게 된다. 심리학적으로 해석하자면 두려움과 그것이 주는 불안이 '혼돈 괴물'의 심상으로 신화에 등장하는 것이다.

블레즈 파스칼(Blaise Pascal)은 《팡세(Pensées)》에서 이 광대한 우주와 끝이 없는 듯한 시간을 생각하면서 왜 하필 자신이 저곳이 아닌 이곳에, 그때가 아닌 지금 있어야 하는지를 모르겠다고 토로했다. 그리고 이 모든 것 앞에서 두려움을 느낀다고 말했다. 이것은 두려움이 우리 일상뿐만 아니라 실존의 근원 감정임을 잘 보여준다. 다가오는 죽음에 대한 두려움, 그리고 내가 신뢰하는 세상이 무너져 버릴 것 같은 불안과 무질서, 그 안에서 어떤 희망도 발견하지 못하고 죽어가야만 하는 세계, 이것이 혼돈 괴물의 정체이자 그가 가진 괴력의 한 모습이다.

어머니에게 들은 이야기다. 당신이 어렸을 때 어른들이 "앞이 깜깜하다"라고 한숨을 쉬면, '이렇게 대낮이고 환한데 왜 깜깜하다고 할까?' 하고 의아했단다. 그러나 어머니에게도 '앞이 깜깜하다'라는 말의 의미를 충분히 이해할 순간이 찾아왔다. 대단히 노력하고 애썼는데 소득은 없고 도리어 큰 손해만 보고 나서 무언가가 잘못되었다고 느낄 때 우리는 앞이 깜깜해진다. 우리가 알아 온 세계 혹은 마땅히 이러저러해야 한다고 여긴 관계가 너무나 낯설어 당황한 채 여러 밤낮을 지내기도 한다. 아이들도, 성인도, 삶을 얼마 남겨두지 않은 노인도 세상이 도무지 파악되지 않아 불안을 느낀다.

미래를 가늠해 보면 더욱 그렇다. 자신의 삶을 책임져야 한다는 불안, 애쓴 노력이 모두 수포가 되는 삶의 무의미가 엄습할 때 우리는 삶을 향한 역겨움을 느낀다. 장 폴 사르트르(Jean-Paul Sartre)식으로 표현하면 두려움과 불안과 혼돈과 황량함과 삭막함의 부조리에서 '구토'가 일어난다. 혼돈 괴물 아펩을 매일 아침 물리치는 라에 관한 고대 이집트 신화가 실존적으로 다가오지 않을 수 없다. 우리는 어떻게 해야 하는가? 아펩을 물리칠 무기는 무엇인가? 여기서 나는 《잠언》을 함께 읽자고 권해 본다.

바늘로 찌르는 말, 《잠언》

《잠언》은 '바늘 잠(箴)'과, '말씀 언(言)'이 합쳐진 말로 '바늘과 같은 말씀'이라는 뜻이다. 바늘은 찌르고 들어가는 도구이니, 그 말씀을 듣는 사람은 바늘에 찔리듯 정신이 번쩍 날 것이다. 지혜문학에 어울리는 작명이라고 할 수 있다. 이 책은 원래 히브리어로 기록되었고, 고대의 책명이 그렇듯 책의 첫 단어가 제목이다. 첫 단어는 '마샬(משל)'의 복수형(משלי)이며, 이것은 '나타내다, ~와 같다, 비교하다, 지혜의 말, 격언' 등을 뜻한다. 첫 단어 다음에는 지혜의 왕으로 알려진 솔로몬이 저자로 나온다. 그래서 흔히 '솔로몬의 지혜'라고도 한다.

히브리어 경전을 그리스어로 번역한 것을 '칠십인역(Septuagint, LXX)'이라고 부르는데, 칠십인역은 '마샬'을 '파로이미아(παροιμία)'로 옮겼다. 이것은 격언, 지혜의 말을 뜻한다. 이후 그리스도교가 로마 제국에 공인되면서 구약성서가 라틴어로 번역되었는데, 이때는 라틴어 '프로베르비아(proverbia)'가 '마샬'의 번역어로 채택되었다. 그 역시 격언, 속담, 원리 등을 뜻한다. 이 단어에서 '프로버브스(Proverbs)'가 유래했다.

《잠언》은 유대교와 그리스도교 정경이지만 그것에는 고대 지중해 세계의 지혜문학과 유사한 구절이 꽤 있다. 가령 기원전 1000년에서 600년 사이 이집트에서 왕가의 자제들이나 국가의 고위직을 가르치는 《아멘에모페의 지혜(The Wisdom of Amenemope)》와 비슷한 가르침이 적지 않게 들어 있다. 어떤 사람들은 가깝고 먼 곳에서 솔로몬의 지혜를 들으러 왔다는 구약성서의 《열왕기 상》 10장을 근거로 이스라엘의 지혜가 그들에게 전해진 것이라고 주장한다.●

반대로 당시의 지혜문학에 《잠언》이 많은 빚을 지고 있다고 생각할 수도 있다. 《잠언》과 다른 지혜문학 사이의

● 시바 왕국의 여왕이 솔로몬을 방문한 일화가 가장 유명하다. 이를 주제나 소재로 다룬 예술 작품은 무수히 많다. 가령 음악에서는 헨델의 오라토리오 〈솔로몬〉 중 '시바 여왕의 도착'이 우리 귀에 익숙하다. 수많은 화가들이 이 장면을 그렸고, 여러 문학에서도 이를 언급한다. 영화나 TV 드라마에서도 여러 차례 이 장면이 등장한다.

공통점을 두고 '원조 논쟁'을 할 수도 있으나 어떤 경우이건 우리의 삶이 지혜를 간절히 필요로 한다는 것만은 분명하다. 《잠언》은 솔로몬 외에 다른 사람이 저자임을 밝히는 부분도 있기에 이것이 솔로몬 개인이 저술한 작품이라고 보는 것은 불가능하다. 예를 들어 《잠언》 30장은 "야게의 아들 아굴이 말한 잠언"이다.(30:1) 따라서 《잠언》은 오랜 기간 삶의 경험을 축적하고 이를 명료한 형태로 정리한 지혜집이라고 할 수 있다. 또 이 지혜를 기록하고 전수하고 전수받고 가르치고 심화하고 확장하는 '학파' 혹은 '집단'이 분명히 존재했다.

《잠언》은 왕가와 관료뿐만 아니라 일반인에게도 말을 건넨다. 잠언 편집자는 기록의 목적을 1장 2-6절에서 뚜렷하게 밝힌다.●

² 잠언의 목적
지혜와 수련을 배움. ³ 통찰의 말씀을 깨우침. 수련을 통하여 정의, 바름, 곧음을 얻음. ⁴ 어리석은 이들을 슬기롭

● 《잠언》은 감리교신학대학교의 이환진 은퇴 교수의 번역을 사용했다.

게 함. 젊은이가 앎과 명민함을 얻음. [5] 현자는 듣고 더욱 지혜를 얻음. 슬기로운 이는 솜씨를 배움. [6] 격언과 속담 또한 현자들의 말씀과 수수께끼도 깨우침.

독자로 상정하는 층은 일반 대중, 어리석은 사람(이것은 도덕적 가치가 정립되지 않아 선악 분별이 떨어지고 그래서 악행을 저지르기 쉬운 사람을 뜻한다), 젊은이, 현자(지혜가 있는 사람)다. 그들에게 지혜를 알고 수련하고 깨우쳐 실행하도록 훈계하는 게 이 책의 목적이다. 특히 정의, 공평, 정직 등의 도덕적 가치를 구현하는 삶의 지혜가 이 책의 주요 관심사다.

《잠언》이 밝히는 저자 혹은 편집자에 따라 이 책은 아래와 같이 구성되었다.

1. 이스라엘의 왕 다윗의 아들 솔로몬의 잠언(1:1 – 9:18)
2. 솔로몬의 잠언(10:1 – 22:16)
3. 현인의 가르침(22:17 – 24:22)
4. 현인의 다른 가르침(24:23 – 34)
5. 유다 왕 히스기야의 신하들이 편집한 솔로몬의 잠언 (25:1 – 29:27)

6. 야게의 아들 아굴의 잠언(30:1 – 33)

7. 르무엘 왕의 어머니가 왕에게 교육한 잠언(31:1 – 9)

8. 능력 있는 여인(지혜)을 향한 찬사(31:10 – 31)

창조의 지혜와
그 기쁨

앞선 '혼돈 괴물' 단락에서 우리는 혼돈 괴물에 맞서는 빛의 신을 말했다. 《잠언》은 우리에게 이 세상을 무엇이라고 알려줄까? 우리의 삶을 파괴하려는 괴물이 있고, 우리는 그것에 노출되어 무력한 채 집어삼켜질 위기에 있다고 말할까? 《잠언》에 따르면 이 세상은 지혜를 통해 그 괴물을 잠재우고 탄생했으며, 따라서 이 질서의 세상은 우리의 삶을 유지, 확장, 번영하기에 알맞다고 격려한다. 《잠언》은 이렇게 말한다.(8:22-31)

> ^{22} 야웨님 처음 그 발걸음 떼실 적 날 지으셨나니 머나먼 그 옛날 일을 시작하시기 오래전 ^{23} 그때부터 날 빚으셨나니 맨 처음 땅이 생기기 훨씬 이전 일이라. ^{24} 심연이 생기기에 앞서 샘마다 물이 고이기에 앞서 난 태어났어라.

²⁵ 산마다 가라앉기에 앞서 또 오름보다도 먼저 난 태어났어라. ²⁶ 땅을, 들녘을, 세상의 첫 흙덩이를 만드시기에 앞서 ²⁷ 하늘을 펼치실 때 난 이미 거기 있었어.

심연의 얼굴에 선을 그으실 때 ²⁸ 위 하늘을 튼튼하게 만드실 때 심연의 샘물이 터져 나올 때 ²⁹ 바다에 경계선 그으시어 물이 그 선을 넘지 못하게 하실 때 땅의 토대마다 든든하게 하실 때 ³⁰ 난 그분 곁에서 든든한 이가 되었노라. 날마다 그분의 기쁨, ³¹ 언제나 그분의 즐거움, 세상의 즐거움, 인간의 기쁨이었노라.

'야웨님 처음 그 발걸음 떼실 적 날 지으셨나니'에서 '나'는 의인화한 지혜를 가리킨다. 지혜를 뜻하는 히브리어 '호크마'는 여성형 명사이기 때문에 '나'는 여성으로 등장한다. 이 지혜는 태초, 곧 모든 것이 생기기 전에 창조자와 함께 있었다. 8장 23-27a절에는 고대 근동 문학 특유의 반복법이 나온다. 고대 근동 지역 사람들은 같은 주제를 여러 말로 반복, 변주하며 뜻을 심화하고 독자들의 깊은 이해를 도모한다. 그 구절에 따르면 모든 것이 존재하기 전에 땅도, 심연도, 샘도, 오름도 없을 때가 있었다. 그때 지혜는 하늘과 땅을 '분리'하고, 깊은 바다에 '경계선'을 긋고, 창공의 위치를 정하고, 물의 활동 범위를 설정하고, 바다에 경계를 놓는 그 일을 창조자와 함께했다.(8:27b-30a)

지혜는 없음(無)에서 창조자와 함께 있음(有)를 창조했고, 있다는 것(有)은 질서와 경계를 속성으로 가지고 있음을 뜻한다. 이미 살펴봤듯 바로 이 주제는 혼돈에 맞서는 질서, 불임(不妊 및 不稔)을 극복하는 생산(生産)을 이야기한다. 30b-31절은 창조와 그 과정, 그리고 결과에 가득한 정서를 언급한다. 그것은 즐거움과 기쁨이다. 지혜는 창조의 명공(名工)이 되어 창조자를 즐겁게 하고, 지혜 자신도 창조의 과정을 즐긴다. 지혜는 또한 창조자의 작품인 땅을 즐거워하고, 그가 지은 사람들을 기뻐한다.

《잠언》은 고대 근동 및 지중해 세계의 다른 신화와 같이 창조 주제를 다룬다. 그런데 《잠언》이 다른 창조 신화와 견줄 때 확연히 다른 점이 있다. 그것은 바로 창조와 그 과정, 결과를 지배하는 즐거움과 기쁨의 정서다. 또 피조물을 바라보는 시선에도 차이가 있다. 가장 오래된 문명 발생지인 메소포타미아에서 유래한 《에누마 엘리쉬》와 비교해 보면 그 차이가 분명하게 드러난다.

《에누마 엘리쉬》는 '그때 위에'라는 뜻으로 이 신화의 첫 두 구절이자 책명이다. 이 신화에 따르면 태초에 단물인 압수, 바닷물인 티아마트가 있었고 이후 여러 신들이 나타나기 시작했다. 신들이 늘어나자 압수와 티아마트는 소란스러움을 견디기 힘들었고, 특히 압수는 젊은 신들을 살해하고자 한다. 이를 알게 된 신 에아는 먼저 압수를 죽이고 '압수'에 거처를 마련한다. 압수에서 최고의 젊은 신 마르두크가 태어난다. 마르두크는 티아마트와 전쟁을 벌이고 마침내 바닷물을 제압한다. 이후 마르두크는 티아마트의 시체를 갈라 하늘과 땅을 만들고 질서를 세운다. 또 티아마트의 편이었던 킹구 신의 피와 흙을 섞어 사람을 만든다.

사람을 만든 목적은 아주 단순하다. 신이 해야 할 노동을 인간에게 시키려는 것이었다. 사람이 힘들게 노동할 동안 신들은 쉬고 놀았다. 《에누마 엘리쉬》의 이야기 역시 혼돈과 그 힘을 상징하는 제어되지 않는 물 압수와 티아마트를 제압하는 것을 주요 주제로 한다. 그런데 《잠언》과 달리 이 신화는 신들 사이의 전쟁을 말한다. 나아가 창조가 패배자의 피와 시체를 통해 이루어졌고, 사람은 일꾼으로 창조되었다고 선언한다. 사람에겐 지배자인 마르두크 신에 맞서 싸운 킹구의 피가 흐른다. 이 신화에는 《잠언》이 말하는 기쁨과 즐거움이 없다. 대신 분노와 짜증, 피와 시체의 이미지가 가득하다.

《잠언》에서는 노동을 통한 만물의 창조, 그리고 그 과정과 결과에 기쁨과 즐거움의 정서가 함께한다. 창조자의 피조물은 단지 '물건'이 아니며 창조자의 예술품이다. 따라서 피조물은 창조자의 아름다움과 영광을 반영한다. 이것은 유대-그리스도교 종교의 공통 신앙이다. 하여 유대-그리스도인들은 우주와 세상을 바라보며 신의 아름다움과 영광의 흔적을 발견하고 감탄한다고 말한다. 반면 《에누마 엘리쉬》를 비롯한 고대 그리스와 이집트 신화에서 노동은 피해야 하는 것으로 등장한다. 신들은 자신의 고된 노동을 인간에게 떠맡긴다. '로봇(robot)'의 어원인 체코어 '로보타(robota)'는 '강제 노동'을 뜻하는데, 저 옛 신화에서 신은 인간을 만들어 노동을 강제했다. 인간은 신의 로봇인 셈이다.

오늘의 지혜
노동, 기쁨과 고통 사이에서

우리 사회에서 통상적으로 노동은 피해야 하는 것에 가깝다. 《에누마 엘리쉬》 신화가 오늘날의 현실을 더 잘 설명하는 것 같기도 하다. 그러나 많은 학자가 논의하듯 노동은 인간을 인간답게 만든다. 마르크스에 따르면 노동은 인간의 창조 능력을 발휘하고 사회적 관계를 형성해 자기실현을 가능하게 한다. 실제로 우리는 빈둥거리기보다는 무언가를 창조할 때 보람과 환희를 느낀다. 문제는 노동의 통제권을 잃고 그저 기계처럼 단순 작업을 하거나, 자신이 생산한 물건에서 소외되거나, 노동을 이윤 추구의 목적에만 한정할 때 일어나는 '노동 소외'다. 《잠언》이나 다른 문서에 근거해 유대-그리스도교는 큰 틀에서 노동을 창조적 자기실현이자 신의 형상인 인간의 '돌봄'과 '나눔'으로 해석한다. 이런 창조적 노동이 없다면 인간의 삶에서 의미를 찾기란 거의 불가능하다. 삶의 의미는 노동과 사회적 관계를 통한 가치 생성에 있기 때문이다.

두 종류의
지혜

《잠언》과 《에누마 엘리쉬》는 각각 다른 창조 이야기를 하지만 이야기의 주제는 같다. 창조란 무질서에서 질서를 만드는 것이다. 그런데 그 과정과 결과를 바라보는 시각은 완전히 대조를 이뤄 창조자와 인간의 관계에 대해 반대로 말한다. 무엇이 세상의 진실에 가까울까?

현대사회에서 우주의 기원에 관해 가장 널리 수용되는 이론은 이른바 빅뱅 이론이다. 천문학자들의 관찰 결과는 우주가 팽창한다는 것이었다. 만약 그렇다면 팽창하는 우주를 되감으면 어떻게 될까? 점점 작아지다가 무한히 밀도가 높은, 모든 에너지와 공간을 낳은 그 점으로 수렴될 것이다.

그렇다면 그 점 이전은 무엇일까? 그 점 '이전'에 관한 물음은 무의미하다. 근원적 무(無)라고도 부를 수 없을 것이다. 그로부터 일종의 폭발이 있었고, 우주는 아직도 팽창하고 있다. 처음 이 이론이 나왔을 때 적지 않은 학자들이 너무 종교적이라며 이를 반대했다. 《창세기》의 창조 이야기를 연상시킨다는 게 그 이유였다. 하지만 오늘날 빅뱅 이론은 이른바 우주의 기원에 관한 표준 모델로 자리 잡았다. 이런 현대 과학은 《잠언》과 《에누마 엘리쉬》 중 어느 쪽을 지지할까?

한편, 생명 현상을 설명하는 현대 생물학 이론 중 진화론은 이 두 이야기 중 어느 쪽이 사실에 가깝다고 말할까? 진화론 하면 흔히 적자생존의 경쟁을 떠올린다. 그것은 아무래도 《에누마 엘리쉬》를 지지하지 않을까? 그러나 최근의 여러 연구는 진화가 적자생존의 경쟁만이 아니라 협력과 공생의 과정임을 밝혔다. 꽃과 벌, 곰팡이와 조류의 상호의존이나 군집 생활을 통해 같이 먹고 보호하는 것 역시 생명 진화를 추동한다는 사실도 연구되었다. 그렇다면 진화론은 《잠언》을 지지할까?

빅뱅 이론이나 진화론은 《잠언》을 지지하지 않는다. 그렇다고 《에누마 엘리쉬》를 뒷받침하는 것도 아니다. 두 신화를 반박하지도 않는다. 물리적 사실에 대한 과학적 서

술은 창조의 정서가 기쁨과 즐거움인지, 슬픔과 적대감인지 말하지 않는다. 물리적 사실에는 감정이 없다. 다만 세상을 바라볼 때 근원 감정과 근원 태도가 있고, 그것에 따른 해석이 우리의 삶을 이끌 뿐이다. 우주와 삶이 있고, 그것을 바라보는 우리의 시선과 그에 대한 반응인 감정과 해석이 있는 것이다.

뇌과학이나 심리학은 인간의 근원 감정으로 두려움을 말한다. 앞서 인용한 파스칼의 《팡세》 역시 두려움과 혼돈을 표현한다. 그런데 전혀 다른 근원 감정과 태도를 취하는 사람들도 있다. 우리에게 매우 친숙한 윤동주의 〈서시〉를 떠올려 보자.

> 죽는 날까지 하늘을 우러러
> 한 점 부끄럼이 없기를,
> 잎새에 이는 바람에도
> 나는 괴로워했다.
> 별을 노래하는 마음으로
> 모든 죽어 가는 것을 사랑해야지
> 그리고 나한테 주어진 길을

걸어가야겠다.

오늘 밤에도 별이 바람에 스치운다.

파스칼처럼 윤동주도 하늘을 본다. 그런데 그는 하늘을 그저 보지 않고 '우러른다'. 그런 그에게 불쑥 드는 감정은 부끄러움, 곧 수치다. 부끄러움은 이내 괴로움을 동반한다. 참 묘하다. 마치 그가 '우러르는 하늘'은 그에게 어떤 도덕적 질서 혹은 윤리적 태도를 가르쳤나 보다. 시인은 부끄럼과 괴로움을 토로하고 끝나지 않는다. 그는 '별'을 '노래'한다. '별'이 무엇을 가리키는지를 두고는 해석이 분분할 수 있다. 다만 그것이 그가 우러르는 하늘에 있는, 그가 간절히 바라보는 무언가인 것만은 분명하다.

별을 노래하니 그의 가슴속에는 사랑, 그것도 '모든 죽어가는 것', 낡고 연약하고 마침내 썩어버려 별로 애달게 간직할 만한 가치가 없는 존재들에 대한 사랑이 움텄고, 사랑하기로 결심하기에 이른다. 분명히 그가 우러러 노래하는 하늘의 별은 사랑으로 가득한 모양이다. 그 별은 모든 죽어가는 것을 사랑하라고 가르치고 나아가 시인에게 가야 할 길을 알려주며 그 길을 걸어가라고 격려한다. 여전히 '오늘 밤에도' 바람은 시인이 바라보는 별을 스친다. 그러나 시인의 별 노래는 부끄러움과 괴로움의 바람을 넘어 쓰러져 가는 모든 것을 향한 사랑으로 울린다. 사랑은 《잠언》의 기쁨과 즐거움과 어울린다.

《잠언》과 《에누마 엘리쉬》 가운데 어느 쪽이 이 세상의 진실을 알려줄까? 이에 관해서는 빅뱅 이론이나 진화론이 함의하는 바가 거의 없다. 도리어 하늘과 별을 바라보는 파스칼과 윤동주의 글 가운데 독자들이 무엇을 '참으로 그러하다'라고 선택할 것인가의 문제다. 윤동주의 〈서시〉는 《잠언》을 택한다. 《잠언》은 사람들을 향해 자신의 목소리를 들으라고 한다.(1:20-22, 31-33)

> [20] 지혜가 밖에서 큰 소리 지른다. 넓은 곳에서 소리 지른다. [21] 북적대는 곳 높은 곳에서 소리 지른다. 마을 성문 입구에서 입을 연다. [22] "단순한 사람아, 언제까지 단순하게 살려는가? 언제까지 비웃기만 하려는가? 어리석은 자야, 언제까지 지식을 증오하려는가? … [31] 자신이 살아온 대로 그 열매를 따 먹을 뿐이다. 제 편견에 사로잡혀 살아

갈 뿐이다.[32] 단순한 자는 안일함으로 자신을 죽일 뿐. 어리석은 자는 무사태평으로 파멸에 이를 뿐이다.[33] 내 말을 들으라. 편안히 살리라. 불행의 공포에서 벗어나리라."

그때나 지금이나《에누마 엘리쉬》의 세계관이 '더 현실적'이라고 평가하는 사람들이 많을 듯도 하다. 전쟁과 살생, 패배자의 피와 시체를 통한 승리자의 건설이 역사와 삶을 설명하는 데 더 적확하다고 말할 수도 있다. 나아가 이 세상은 마르두크나 창조자, 그리고 그 지혜가 질서를 부여하기 전의 혼돈 상태이며 기껏해야 "메마른 바위에 묻은 우연한 찌꺼기에 불과한 생명, 그 생명이 사는 황량하고 무의미한 우주"•가 빅뱅 이론이나 진화론에 더 걸맞은 현실 묘사라는 데 동의하는 목소리가 더 클 수도 있다.

그러나 하늘과 별에 뚜렷한 윤리적 질서, 초월적 존재가 주는 압도적 경외감, 노래를 불러일으키는 별, 별을 바라보노라면 가슴에 꽉 차는 사랑, 사랑이 전해진 가슴이 손과 발에 내리는 명령, 내가 사는 이 땅에서 내가 해야 할 일

• 존 코팅엄, 강혜원 옮김,《삶의 의미》, 동문선, 2003, 148.

이 있다는 사명감으로 가득한 세상에서 사는 사람들도 있다. 《잠언》은 윤동주의 세계가 진실한 것이라고 소리 높여 알린다. 창조와 그 질서는 기쁨과 즐거움과 함께하는 것이다.(2:1-2)

> 2:1 애야, 내 말을 받아들이라. 내 명을 가슴에 품으라. 2 지혜에 네 귀를 기울이라. 깨침을 향하여 네 마음을 열라.

지혜와 삶의
열매

《잠언》의 지혜를 선택하라는 나의 말을 '실존주의적 결단'을 촉구하는 말이라고 평할 수도 있고, '근거 없는 자의적 선택'일 뿐이라고 냉소할 수도 있다. 이에 대해 뭐라 답할 수 있을까. 종교나 신앙을 잃어버린 세계, 이른바 세속화된 세계에서 삶의 의미 문제를 다루는 영국의 철학자 존 코팅엄(John Cottingham)은 자신의 책 마지막 문장을 "삶에 의미가 있는 것처럼 행동할 때 감사하게도 진정 삶에 의미가 있음을 발견할 것"●이라고 쓴다. 이 문장의 뜻과 꼭 일치하는 것은 아니나 나는 실용주의 관점에서 대답해 보고자 한다. 실용주의는 진리의 기준을 실용성으로 꼽는다. 어떤 명제가 실제로 유용하고 실용적인 결과를 가져오는지가 진

● 앞의 책, 153.

리 여부의 판단 기준인 셈이다. 《잠언》이 알려주는 진실의 실용성을 따져 보자.

첫째, 《잠언》은 이 세상에 질서가 있고, 그것을 만든 것이 '지혜'라고 말한다. 이것은 대부분의 창조 신화가 말하는 내용이다. 이런 진술은 어떤 결과를 가져올까? 이 세상은 '혼돈이 아니라 질서'라는 '믿음'은 인간 지식의 전제다. 이른바 '공리(公理)', 증명할 수 없으나 자명한 진리로 인정해 다른 지식을 낳는 토대와 같다. 만약 이 세상에 질서가 없다고 가정해 보자. 그렇다면 이 세상을 이해한다는 것은 불가능하다. 우리가 무언가를 이해한다는 것은 질서를 파악한다는 말과 다르지 않기 때문이다.

1보다 큰 자연수 중 1과 자기 자신만을 약수로 가지는 수를 소수라고 한다. 2, 3, 5, 7, 11, 13, 17, 19, 23, 29… 등이다. 그런데 소수에 규칙이 있을까? 우리는 소수에는 규칙이 없다고 배운다. 만약 그렇게 '믿는'다면 소수의 규칙은 영원히 발견할 수 없다. 소수에 어떤 규칙이 있다고 '전제'하는 이들만이 그 규칙을 발견할 수 있을 것이다. 물론 아직도 소수의 규칙은 발견되지 않았다. 이 말을 뒤집으면 그것을 발견하려는 노력이 계속해서 있었다는 뜻이기도

하다. 그 결과 소수를 통계적으로 모델링할 수 있다는 것을 알게 되었고, 암호학 등에서 소수를 중요하게 사용할 수도 있게 되었다. 모든 인간의 지식은 이 세상에 질서가 있다는 믿음에서 시작한다. 그것이 없다면 학문은 불가능하다.

둘째, 《잠언》은 세상의 질서를 인간이 알 수 있다고 전제한다. 이 또한 매우 중요한 '믿음'이다. 아인슈타인은 "이 세상에서 가장 이해할 수 없는 것은 이 세상을 이해할 수 있다는 것이다"라고 말했다. 과연 우리는 세상의 질서를 아는 것일까, 아니면 안다고 착각하는 것일까? 한 수학자는 인간이 우주를 수학의 언어로 이해할 수 있다는 사실만큼 놀라운 일은 없다고 말했다. 그러면서 세상이 수의 질서로 되어 있다고 주장했다. 이런 주장은 사실 근래에 나온 게 아니다. 고대 그리스의 피타고라스가 이런 생각의 원조격이다. 그는 신이 이 세상을 수로 창조했고, 수를 공부하는 것은 곧 신의 정신을 이해하는 길이라고 '믿었다'.●

이같이 우리가 세상의 질서를 알 수 있다는 '지혜'는

● 한편 이 세상에 질서가 있는 것이 아니라 우리 정신이 이 세상을 파악한 것이며, 세상은 우리 정신이 재현하고 정리한 것과 부분적으로 일치할 뿐이라고 생각하기도 한다.

《잠언》의 지혜는 일곱 기둥의 집을 짓는다. '일곱 기둥의 집'은 넓은 공간을 가진 튼튼한 집을 상징한다. 지혜가 창조하는 '일곱 기둥의 집'은 서양의 중세에서 교양인을 키우는 일곱 개의 과목인 문법, 수사학, 논리학·변증법의 3과(트리비움, trivium)와 기하, 대수, 음악, 천문학의 4과(콰드리비움, quadrivium)를 의미하는 것으로 해석되기도 했다. 이 그림은 12세기 말 호헨부르크 수도원의 헤라다 란츠베르겐시스(Herrada Landsbergensis) 수녀가 편찬한 《기쁨의 정원(Hortus deliciarum)》에 실린 〈철학과 일곱 학예(Philosophia et septem artes liberals)〉다. 철학은 여왕으로서 그림의 중심에 앉아 있고, 그 아래에 소크라테스와 플라톤이 있다. 여왕의 왕관에는 세 개의 머리가 있는데 각각 윤리학, 논리학, 물리학이다. 여왕은 라틴어 문장이 있는 두루마리를 들고 있는데, 그 문장의 뜻은 '모든 지혜는 주 하느님에게서 나온다. 지혜 있는 사람이 자기가 원하는 바를 이룬다'이다. 일곱 학예는 각자를 상징하는 물건을 손에 쥐고 자신이 누구인지를 소개한다.

알 수 없다는 입장보다 훨씬 더 자주 실용적인 결과를 낳는다. 두 바퀴가 나란히 놓인 기계는 인간이 걷고 뛰는 것보다 더 빠르다는 것을 알고, 인간이 그것을 조정할 수 있다고 믿는 지혜가 자전거를 발명하고 타게 했다. 《잠언》은 지혜가 세상에 질서를 부여했고, 인간은 그것을 알 수 있으며, 나아가 그것을 표현하고 학습하고 두루 나눌 수 있다고 생각한다. 창조의 질서가 기쁨과 즐거움을 낳는다는 《잠언》의 지혜를 진실한 것이라고 믿고 살아가는 사람은 삶의 열매를 맺는다. 《잠언》은 이렇게 노래한다. (9:1-6)

> [1] 지혜가 집을 짓는다. 일곱 기둥 집을 짓는다. [2] 잔치를 준비한다. 술을 빚는다. 아, 밥상을 차리는구나! "잔칫상 드시라." [3] 하인을 보내어 소리 지른다. 외친다. 마을 높은 곳 여기저기서. [4] "마음 열린 이, 누구나 이리 오시라! [5] 어서 오시라! 어서 드시라!" 또 이렇게 외친다. [6] "마음을 비우라. 그러면 살리라. 깨달음, 그 길을 걸으라!"

지혜는 앞의 그림에서처럼 일곱 기둥의 큰 집을 마련하고 잔치를 벌인다. 잔치에는 마땅히 술과 먹을거리가 있고, 지혜는 마음 열린 사람•을 초청한다. 지혜의 잔치에 참여한 사람은 생존할 뿐만 아니라 풍요로운 길을 걸어가게 된다.

적지 많은 지성인이 우주를 바라보며 아득한 신비와 경탄, 그리고 아름다움에 압도되는 경험을 고백한다. 이는 바로《잠언》이 알려주는 창조의 지혜와 그것이 동반하는 기쁨, 즐거움과 크게 다르지 않다. 사람을 압도하는 경탄과 신비, 아름다움은《잠언》지혜의 근원인 '야웨 경외'로 이어진다.

● 어리석은 사람을 의미할 수도 있다.

야웨 경외는
으뜸 지식이다

이 세상에는 질서가 있고, 우리가 그 질서를 알 수 있으며, 우리는 세상과 삶을 향해 경탄하며 기쁨과 즐거움 속에서 살 수 있다는 게 《잠언》의 지혜다. 또한 그 지혜를 가르칠 수도, 배울 수도, 나눌 수도, 더 크고 깊게 만들 수도 있다는 것 역시 지혜의 핵심에 속한다. 실용주의적 전망에서 그 지혜에 따라 살면 생존과 풍요의 열매를 맺을 수 있다. 이 지혜가 우리의 삶을 파괴하고 황폐하게 하는 혼돈 괴물의 두려움에서 우리를 지켜줄 것이다.

그런데 《잠언》은 여기에서 한 걸음 더 나아간다. 《잠언》은 "야웨 경외는 으뜸 지식이다"(1:7; 9:10)라고 선언한다. 아마 《잠언》을 한 문장으로 요약하라면 이 구절을 꼽을 수 있을 것이다. 세상과 인간을 이해하는 데 창조자에 관한 지식은 당연히 지혜의 핵심에 도달하는 길이다. 그런데 《잠언》은 야웨에 대한 지식이 으뜸 지식이라고 말하기보다 '야웨 경외'가 으뜸 지식이라고 말한다. 물론 9장 10절은 야웨 경외는 으뜸 지식이라고 말한 후에 바로 "거룩한 분을 아는 지식이 통찰이다"라고 덧붙이기는 하지만 말이다. 《잠언》은 '경외'를 '아는 지식'으로 해설하는 셈인데, '경외'가 야웨를 아는 주요한 인식 통로라는 뜻이기도 하다. '야웨 경외'가 왜 '으뜸 지식'일까?

야웨는 이스라엘 신의 이름이다. 따라서 신적 존재 혹은 우주의 근원을 향해 '경외'하는 게 지혜라는 뜻이다. 우리말 경외(敬畏)는 '공경하면서 두려워함'을 의미한다. 이는 히브리어 '이라(האר)'의 번역이다. '야웨 경외'(תארי הוהי, 이라 엘로힘)는 유대교에서 매우 중요한 개념이다. 이것은 특정 방식의 윤리적이고 종교적인 자세를 뜻한다. 나는 이 경외가 신을 향해 진실하게 서서 신이 자신에게 말하는 바를 겸손하게 경청하는 것이라고 이해한다.

이 과정을 통해 사람은 한없이 크고, 동시에 한없이 자비로운 신과 마주한다. 그 만남을 통해 그는 신에게 생명의 길이 있다는 것을 깨닫는다. 그리고 마침내 신을 사랑하게 된다. 사람이 누군가를 사랑하면 그러하듯, 신을 경외하는 사람은 신을 향해 마음을 다하고, 정성을 다한다. 경외를 통해 신을 알고 사랑하는 사람은 이윽고 선하고 좋은 삶에 이른다. 구약성서 《신명기》 10장 12-13절은 이를 이렇게 표현한다.

> [12] 이스라엘 자손 여러분, 지금 주 당신들의 하느님이 당신들에게 원하시는 것이 무엇인지 아십니까? 주 당신들의 하느님을 경외하며, 그의 모든 길을 따르며, 그를 사랑하며, 마음을 다하고 정성을 다하여 주 당신들의 하느님을 섬기며, [13] 당신들이 행복하게 살도록 내가 오늘 당신들에게 명하는 주 당신들의 하느님의 명령과 규례를 지키는 일이 아니겠습니까?

위의 《신명기》에 따르면 야웨를 경외하는 사람들은 결국 행복하게 살게 된다. '행복'이라고 번역한 히브리어는 '토브(מוב)'다. 이 단어는 미학적으로는 아름다움을, 도덕적으로는 선함을, 실용적으로는 풍요로움을 뜻한다. 비옥한 땅, 빛나는 귀금속, 푸르고 생기 있는 나무 모두 토브라는 형용사로 표현할 수 있으며, 정직하고 올바른 사람도 토브라고 묘사할 수 있다. 이것은 행복, 기쁨, 나아가 '탁월함'으로도 이해할 수 있다. 감동적인 시를 토브라고 평할 수 있고, 부유한 삶 역시 토브로 그려낼 수 있다. 이 형용사는 《창세기》에서 신이 혼돈 상태에서 처음으로 "빛이 있으라!"라고 명령하고, 빛이 생기자 그 빛을 보고 나서 했던 그 말이다. 신은 갓 태어난 빛을 향해 "토브!"라고 외쳤다.(창 1:3-4)

야웨 곧 신, 달리 말하면 우주의 궁극적 존재와 진실하게 만나 가슴을 열고 그로부터 들려오는 말을 듣고, 그 존재를 경배하고 찬양하며, 마침내 사랑하고 따르며, 그 신비 속에서 자신과 타인의 삶, 그리고 세상의 아름다움에 감격하는 것, 그것이 야웨 경외다. 야웨를 경외하는 사람은 신의 질서와 세상의 아름다움이 파괴되는 것을 두고 볼 수 없다. 신과 세상을 향한 책임감이 갖춰지는 것이다. 이 책임감은 오만하거나 자기의 명예를 추구하기보다는 '겸손'의 형태로 나타나기 마련이다. 바로 그런 사람이 지혜를 얻는 사람이다.

그런 사람을 두고 《시편》에서 한 시인은 이렇게 노래했다. "냇가에 심어진 나무 같아서 그 잎사귀가 시들지 아니하고 제철 따라 열매 맺으리."(1:3, 공동 번역) 잎사귀가 푸

르른 나무의 아름다움, 그리고 그 아름다운 나무가 제철에 알찬 열매를 맺는 것! 이런 삶이 '잘 사는(wellbeing)' 것이고, 1장의 '지혜란 무엇인가'에서 말한 것처럼 호크마(삶의 기술)인 지혜다.

다시 한번 말하지만 야웨 경외는 유신론자만의 것이 아니다. 삶과 우주의 신비 앞에 선 사람도 이런 종류의 '경외'를 체험한 사람이다. 우주와 삶의 신비 앞에 감탄, 경배, 확신, 감사, 사랑, 삼가는 마음을 갖는 사람은 야웨 경외자다. 그 경외에서 자신과 타인을 향해 책임 의식을 갖는 것, 그것이 야웨 경외자의 윤리다. 바로 그것이 혼돈 괴물을 물리치고 생명과 번영을 꽃피우게 한다.

'야웨 경외'와 유사한 개념은 동서에 모두 있다. 가령 고대 그리스의 '유세베이아(εὐσέβεια)', 고대 로마의 '피에타스(pietas)', 주자의 '경(敬)'이 그것이다. 유세베이아의 '유(εὖ)'는 '좋다'를, '세바스(σέβας)'는 '경외'를 뜻한다. 이는 앞서 설명한 히브리어 '경외'와 일맥상통한다. 그것은 신적 존재 앞에서 경외감을 갖는 것이며, 이는 종교적이고 윤리적인 행동으로 이어진다. 구체적으로 신적 존재 앞에서 삼가는, 즉 제사 때 예법에 따라 적절하게 신에게 영예를 돌리고, 다른 사람, 특히 연장자나 권위자 앞에서 겸손하고 적절한 행동을 취하는 것이다.

이 유세베이아는 경건, 충성, 의무, 가족 존중 등을 주관하는 여신으로 신격화되기도 했다. 피에타스는 유세베이아에 상응하는 로마의 덕목이며, 역시 여신으로 신격화되었다. 유세베이아와 유사한 의미를 지니며 마찬가지로 신과 다른 사람을 향한 경건, 충성, 의무감, 배려, 찬사 등을 의미한다.

우리에게 주자로 알려진 송나라의 주희(朱熹)는《경재잠(敬齋箴)》에서 '경'이 무엇인지를 설명한다. 이 글에서 주자는 경으로 자신을 다듬는 여러 방식을 설명하는데, 그중에 '대월상제(對越上帝)'가 있다. '대월'은 황제가 제사 지내는 것을, 상제는 알다시피 중국의 하늘 신을 뜻한다. 주자는 경을 하늘 신에게 제사하듯 하는 마음가짐과 몸가짐이라고 가르친다. 주자의 글은 '이라', '유세베이아', '피에타스'의 그것보다 개인의 삼가는 태도에 더 큰 관심을 두는 듯하지만 그 또한 신과 인간 앞에서 삼가고 적절한 예를 수행하는 것임을 알려준다.

지혜 여인의 초청과
그 열매

야웨 경외를 생각하면 언뜻 엄숙한 듯하지만 《잠언》은 그것을 종교적 경건함에 가두지 않는다. 이미 지혜에 관해 실용주의적 관점에서 설명한 바 있지만 《잠언》의 세계관에서 그런 지혜는 구체적인 삶의 열매를 맺는다. 고마운 것은 우리가 지혜를 찾아가기보다 지혜가 우리를 초청하고 있다는 것이다. 고대 지중해 세계에서 '지혜'를 가리키는 단어는 대개 다 여성 명사다. 그래서 '지혜'가 '여신'이나 '여성'으로 의인화되는데, 이것은 《잠언》에서도 마찬가지다. 《잠언》은 두 종류의 여인, 곧 참된 '지혜의 여인'과 그 반대편에 '이상한 여인'이 있다고 경고한다. 지혜 여인은 이렇게 사람들을 초청한다.(8:1-11)

¹ 지혜가 외치고 있지 않은가? 깨우침이 목소리 높인다. ²

길가 가장 높은 곳에서, 사거리에 자리 잡고 ³ 성문 입구 문 옆에서 소리 지른다. ⁴ "이것 보세요, 내가 이렇게 소리 지릅니다. 여러분, 내 말 들어보세요. ⁵ 단순한 사람은 예지를 배우세요. 어리석은 사람은 마음을 깨우치세요. ⁶ 들어보세요. 소중한 것을 말씀드리죠. 올곧은 것을 알려드리죠. ⁷ 진실을 말하려 합니다. 악한 것은 내가 싫어하는 것이죠. ⁸ 내가 하는 말은 바른 것이에요. 굽은 것이나 그릇된 것이 없어요. ⁹ 깨우친 이는 이 모든 것을 곧바로 알죠. 지식을 얻은 이는 금세 알아요. ¹⁰ 돈보다는 내 훈계를, 순금보다는 지식을 받아들이세요. ¹¹ 보석보다 지혜가 더 좋죠. 그 어떤 것에도 비교할 수 없어요."

이 초청에 응답하고 지혜에 머물러 있는 사람은 생명과 번영을 얻는다. "²¹ 얘야, 여기서 눈을 떼어서는 안 된다. 명쾌한 사고력과 예지를 품으라. ²² 네게 생명이다. 은총이다. ²³ 네 가는 길이 안전하리라. 거침없이 걸으리라. ²⁴ 누워도 무섭지 않으리라. 단잠을 잘 것이다."(3:21-24) 그러나 반대편에 '이상한 여인'도 있다. 그는 아주 매혹적이지만 우리를 비극으로 몰아간다.(5:3-8)

³ 이상한 여자는 꿀 바른 듯 말을 한다. 입으로 하는 말이 기름보다도 더 부드럽다. ⁴ 하지만 그 끝은 쓰다. 양날 선 칼보다도 더 날카롭다. ⁵ 그의 발은 죽음으로 이끈다. 그 발걸음은 저승을 향한다. ⁶ 생명에 이르는 길은 생각지도 않는다. 지식이 없기에 헤맬 뿐. ⁷ "얘야, 내 말을 들으라. 내가 하는 말을 멀리하지 말라. ⁸ 그녀를 멀리 해야 한다. 그의 집 문조차 가까이 갈 생각 말아라."

이 여인의 초청은 "죽음의 계곡으로"(9:18) 부르는 것과 다를 바 없다. 다행스러운 것은 우리가 삶과 죽음 가운데 '선택'할 수 있다는 것이다. 좋은 선택을 한 사람에게는 어떤 일이 있을까?

《잠언》은 지혜가 사람에게 무엇을 어떻게 해줄 수 있는지 '유능한 여성'을 묘사하며 마무리한다. 지혜는 값지고 신뢰할 만하며, 근면하고 생산성이 높으며, 아끼지 않고 베푼다. 지혜를 따르는 사람을 명예롭게 하고, 지혜의 힘과 영광을 모든 이에게 보여주며, 원활하고 존중하는 관계를 형성하도록 돕는다. 하여 지혜는 모든 사람들의 칭송을 얻게 된다.(31:10-31)

¹⁰ 유능한 여성을 누가 찾을 수 있을까? 보석보다도 훨씬 더 귀하다. ¹¹ 그의 남편은 마음으로 그를 믿는다. ¹² 평생토록 남편에게 잘해준다. 해 끼치지 않는다.

¹³ 양털과 아마를 찾아서는 열심히 짠다. ¹⁴ 그는 상선과 같아서 멀리서 먹을 것을 갖고 온다. ¹⁵ 아직도 어두운데 일어나 식구들이 쓸 것을 마련한다. 몸종들에게 일을 시킨다. ¹⁶ 밭을 봐두었다가 사기도 한다. 손수 포도원을 가꾼다. ¹⁷ 허리를 질끈 매고 팔뚝을 걷어붙인다. ¹⁸ 일이 잘 되어 가는지 살펴본다. 밤에도 등불이 꺼지지 않는다. ¹⁹ 물레질하느라 분주하다. 손이 바쁘다.

²⁰ 그는 손이 크기도 하다. 가난한 사람, 없는 사람과 그저 나눈다. ²¹ 식구들 든든하게 옷을 입고 있으니 눈이 와도 그 집안은 걱정이 없다.

²² 그는 손수 옷을 지어 입는다. 고운 아마포와 진보라색으로 지은 옷이다. ²³ 사람들이 성문에서 그 남편을 알아본다. 마을 원로들과 자리를 같이한다. ²⁴ 그는 옷을 지어 내다 판다. 상인에게 허리띠를 판다. ²⁵ 힘과 영광이 그가 입고 있는 옷이다. 앞날을 향해 미소 짓는다. ²⁶ 입을 열면 지혜를 말한다. 언제나 다정하게 알려준다. ²⁷ 집안일을

꼼꼼히 두루 살피고 부지런히 일하고 먹는다.
²⁸ 자녀들은 일어나 인사하고 남편은 그를 칭찬한다.
²⁹ "일 잘하는 여자들이 많이 있지만 당신이 최고예요!" ³⁰ 예쁜 것도 거짓이요 아름다움도 헛될 뿐. 야웨님 경외하는 여자는 칭송받아 마땅하다. ³¹ 그가 손수 이룬 것 그에게 돌려주라. 그가 한 일 성문에서 칭송하라.

《잠언》의 이 지혜는 우리가 혼돈 괴물의 피해자가 되지 않도록 하며, 괴물을 몰아낸다. 경외를 통해 질서 잡힌 삶은 생존과 풍요와 자선으로 우주의 선과 아름다움의 증거다. 이 지혜는 혼돈을 넘어 우리 삶에 의미와 번영을 생성한다.

고통에 맞서는 고귀한 지혜, 《욥기》

3

창조 이야기가 설명하는 이상세계

쇼펜하우어(Arthur Schopenhauer)는 인생은 고통과 권태 사이를 시계추처럼 오가는 것이라고 말했다. 나는 그 우울한 말이 인생을 적확하게 묘사한다고 생각하진 않는다. 다만 그것들이 우리 삶에 결정적인 것은 사실이다. 고통에 관한 많은 이론과 설명이 있다. 구약성서 《창세기》 역시 고통의 원인과 종류를 신화의 언어로 풀이하는데, 이 이야기는 오늘날에도 유효한 고통의 지도를 보여준다.

《창세기》 1장 1절에서 2장 7절까지에는 두 개의 창조 이야기가 나온다. 하나는 1장 1절에서 2장 3절까지고, 두 번째는 2장 4-7절까지다. 두 이야기 모두 창조자가 세상을 창조하고, 그 창조를 긍정했다고 쓴다. 특히 첫 번째 창조 이야기에서 창조자는 자신의 피조물을 향해 '토브'를 외친다. 또 두 이야기 모두에서 인간은 다른 피조물과 구분되는 특별한 존재로 등장한다. 인간은 '신의 형상'으로 창조되었다는 표현이 이를 알려준다.

고대 지중해 세계에서 '신의 형상'이라고 불리는 사람은 통치자다. 통치자는 '신의 형상'이기에 다른 인간들이 그에게 머리를 조아리고, 그는 신의 대리자이기에 법을 만들고 집행하고 판결할 수 있었다. 현대 민주주의에서는 입법, 사법, 행정이 분리되어 있지만 왕정에서는 그 모든 권한이 신의 형상인 왕에게 쏠려 있다. 그런데 《창세기》는 통치자만이 아니라 모든 인간을 '신의 형상'이라고 선언한다. 당시 세상에서 이것은 지극히 혁명적인 사상이었다. 모든 인간이 위엄을 지니고, 신과의 동역자임을 선언하는 것이기 때문이다. 여기서 서양의 인간 존엄과 평등사상이 유래했다고 해도 과언은 아니다.

고대 지중해 세계에서 '신의 형상'인 신상(神像)은 신을 대리하며, 이는 신전에 모셨다. 신전이란 신이 사는 집을 의미하고, 신전에서 지내는 제사는 신에게 밥상을 차려주는 일이었다. 그런데 모든 인간이 신의 형상이라는 선언은 인간이 머무는 곳이 다 신전이라는 말이며, 인간이 밥을 먹는 일은 제사와 같다는 뜻이다. 이미 언급했듯이 이것은 그

당시 매우 충격적인 발상이었다.●

이전 장에서도 말했듯이 《창세기》는 동시대의 창조 신화와는 완전히 다른 시각에서 인간과 세상을 설명한다. 거의 모든 신화에서 신전을 만드는 일은 신이 하지 않는다. 신을 모시는 인간의 일이다. 신의 밥상을 차리는 제사는 인간이 하고 신은 그것을 먹을 뿐이다. 만약 인간이 신의 밥상 차림인 제사를 소홀히 했다면 그것은 신의 진노를 사는 일이다. 그런데 《창세기》의 두 번째 창조 이야기에서 이는 뒤바뀐다.

창조자 신은 '에덴'에 동산을 일구고 자신의 형상인 사람을 살게 한다. 그뿐만 아니라 동산을 가꾸는 일도 한다. 그는 "보기에 아름답고 먹기에 좋은 열매를 맺는 온갖 나무를 땅에서 자라게" 한다.(2:9) 에덴은 풍요와 생명의 땅이었다. 그곳에서 흘러나오는 강은 네 줄기로 갈라져 네 개의 강을 이룰 정도로 풍성했다. 에덴에서 발원하는 네 개의 강

● 인간에 대한 이런 생각이 우리 근대사에도 있었다. 동학의 2대 교주인 해월 최시형은 유교의 제사인 향벽설위(向壁設位), 곧 제사할 때 벽을 향해 신위를 세우고 절을 하는 행위를 그만두게 했다. 대신 "나를 향해 신위를 베푸는 것이 옳다(向我設位可也)"라고 단언했다. 이는 모든 사람이 저마다 신을 모시고 있고, 그렇기에 제사하는 사람을 향해 제사상을 차리는 향아설위(向我設位)를 가르치는 것이다.

은 비옥한 땅을 만들었고, 그 땅은 온갖 진귀한 보석도 품었다. 문명의 발상지라고 알려진 메소포타미아의 두 개의 강 티그리스와 유프라테스 역시 에덴에서 흘러나온 강의 줄기였다.(2:14)

《창세기》의 신은 사람에게 이렇게 말한다. "동산에 있는 모든 나무의 열매는, 네가 먹고 싶은 대로 먹어라."(2:16) 《창세기》에서는 신이 인간에게 음식을 마련해 주고, 그가 살 곳을 준비하고, 그를 위해 풍요로운 땅과 물을 준비한다. 신이 인간을 대하는 이런 방식은 당시 근동의 다른 신화와 비교할 때 놀랍지 않을 수 없다. 매우 전복적이라 할 만하다.

《창세기》는 신이 흙, 정확히는 티끌•로 인간을 빚고는 그의 코에 생명의 기운을 불어넣어 생명체가 되었다고 말한다. 티끌은 인간 존재의 연약함과 한계를, 생명의 기운은 그 한계에도 불구하고 신의 형상으로서 가지는 빛나는 생명력과 영광을 의미할 것이다. 신은 인간을 자신의 파트

• 히브리어로 '아다마'이고, 이를 재료로 만든 '사람'은 히브리어로 '아담'이다. 이는 단순한 말놀이에 머물지 않고 인간 실존의 한계에 관한 성찰과 맞물려 있다. 인간이 흙 혹은 먼지를 재료로 창조되었다는 것은 다른 고대 신화에서도 종종 발견된다.

너로 삼아 아름다운 동산인 에덴을 맡아 돌보게 했다.(2:15) 자기실현을 위한 노동의 동역자인 셈이다. 신은 노동과 그것에서 터져 나오는 기쁨과 즐거움으로 인간을 초대한 것이다. 인간은 에덴에서 자기실현의 노동을 했다.

에덴에서는 모두가 이상적인 관계를 맺었다. 고대 그리스 신화를 비롯한 여러 근동 신화와 달리, 신과 인간 사이에 어떤 긴장이나 폭력에 관한 이야기는 없다. 도리어 신은 인간을 자신의 파트너로 삼아 자신과 더불어 충만한 관계를 갖고자 했다. 또한 신은 태초의 사람인 아담이 홀로 있는 게 '좋지(토브)' 않다고 생각했다. 신은 자신에게 사람이라는 파트너가 있다는 것에 즐거움을 느꼈고, 사람에게도 그에 걸맞은 파트너가 있어야 한다고 생각했다.

그리하여 태어난 존재가 '여자'다. '여자'를 본 '남자'는 이렇게 외친다. "이제야 나타났구나, 이 사람! 뼈도 나의 뼈, 살도 나의 살."(2:23) 이것은 감탄의 노래다. 《창세기》는 둘의 완벽한 관계를 이렇게 표현했다. "그러므로 남자는 아버지와 어머니를 떠나, 아내와 결합해 한 몸을 이루는 것이다. 남자와 그 아내가 둘 다 벌거벗고 있었으나, 부끄러워하지 않았다."(2:24-25)• '벌거벗었으나 부끄러워하지 않았다'라는 문장에 특히 눈이 간다. 벌거벗었다는 것은 서로 맨몸과 마음을 내놓는 사이이며 감추는 게 없다는 뜻이다. 그런데도 수치를 느끼지 않았다니 놀라운 일이다.

수치심은 신학, 인문학, 사회과학(특히 심리학) 등에서 주목받는 감정으로, 이를 설명하려면 많은 지면이 필요하기에 간략하게만 다루려 한다. 진화심리학에서 수치심은 개인의 진화적 전략으로 해석된다.●● 그것은 기본적으로 자신의 잘못이나 연약한 부분을 숨기고 부인하는 감정적 전략이다. 숨기는 이유는 간단하다. 자신의 잘못이나 약점을 빌미로 상대방이 보복하거나 공격하지 못하게 막는 것이다. 수치심을 도덕 혹은 윤리와 연결하는 해석은 자아에 대한

● 오늘날의 시각으로 보면 두 번째 창조 이야기에서 남자가 먼저 창조되고 이후 남자에게서 여자가 태어났다거나 '남자'가 '아내'와 결합한다는 표현이 가부장적 질서를 강화하는 듯 보여도 그런 인식은 우리 시대가 아니라 그때의 인식과 비교해야 한다. 가령 '여자는 남자의 결함'이라는 식의 아리스토텔레스의 말과 비교해 보라. 또 남자와 여자의 창조 순서가 그렇게 《창세기》 저자에게 중요했다면 그는 첫 번째 창조 이야기의 인간 창조를 달리 말했을 것이다. 첫 번째 창조 이야기는 인간의 창조를 이렇게 묘사한다. "하느님이 당신의 형상대로 사람을 창조하셨으니, 곧 하느님의 형상대로 사람을 창조하셨다. 하느님이 그들을 남자와 여자로 창조하셨다."(1:27) 이 이야기에는 남자와 여자 사이의 순서 차이가 없다.

●● L. Shen, 〈The evolution of shame and guilt〉, *PLOS ONE* 13(7, 2018), https://journals.plos.org/plosone/article?id=10.1371/journal.pone.0199448을 참고하라.

이상과 현실 사이의 괴리에서 오는 감정으로 이해한다.

사회학적 관점에서는 이것을 자아에 대한 사회적 시선을 내면화한 결과로 해석할 수도 있다. 어느 경우이든 수치심은 자신에 대한 부정적인 평가이며, 이는 자존감의 상실로도 이어진다. 수치심은 언제나 나와 나, 나와 타자와의 관계에서 오는 사회적 감정이다. 관계에서 오는 수치심이 없다면, 그때의 나는 극단적인 자기중심성을 띤 사람이거나 아니면 나와 타자가 서로를 완전히 배려하고 이해하며 서로에게 당당한 자아로 섰을 때만 가능하다. 아담과 하와 사이는 후자라고 할 수 있다.

여자가 탄생하기 전, 신은 아담에게 자신이 창조한 온갖 동물들을 소개하고, 아담이 직접 그것들의 이름을 짓도록 했다.(2:19-20) 이름을 짓는다는 것은 크게 두 가지를 의미한다. 하나는 이름을 붙여주는 사람과 그 대상 사이의 긴밀한 관계다. 두 번째는 이름을 붙인 상대에 대한 권리 주장이다. 신은 아담에게 자신의 피조물의 이름을 짓게 해 아담과 다른 생명체 사이에 긴밀한 관계가 형성되도록 한 것이다. 사람과 자연 사이는 이처럼 애틋한 관계였다.

에덴동산을 떠올려 보자. 신-인간-자연 사이의 파트너

십과 애틋한 관계가 있는 동산이다. 신은 자신의 닮은꼴인 인간을 먹이고 재우고 돌보며 자신의 파트너로 초청한다. 인간은 환호와 감탄 속에서 다른 인간과 더불어 가장 깊은 관계를 맺는다. 동산은 풍성한 물과 풍요로운 나무와 열매로 가득하다. 신과 인간은 파트너로서 동산을 가꾸며, 그 속에서 자기실현의 기쁨과 풍요로움을 누린다. 티끌로 만들어진 인간에게 이것은 이상적인 질서다.

실낙원

에덴동산의 이상적인 질서는 유지되지 못했다. 《창세기》에 따르면 "모든 들짐승 가운데서 가장 간교한" 뱀이 나타나 여자에게 물었다. "하느님이 정말로 너희에게, 동산 안에 있는 모든 나무의 열매를 먹지 말라고 말씀하셨느냐?"(3:1) 당연히 아니다. 《창세기》의 신은 인간의 번영과 풍요를 시기하거나 제한하지 않는다. 다만 인간을 자신의 파트너로 부른 신이라도 인간에게 하지 말아야 할 것이 있음을 '선악과'를 통해 알려주었다. "동산에 있는 모든 나무의 열매는, 네가 먹고 싶은 대로 먹어라. 그러나 선과 악을 알게 하는 나무의 열매만은 먹어서는 안 된다. 그것을 먹는 날에는, 너는 반드시 죽는다."(2:16-17)

'선과 악을 알게 하는 나무의 열매'는 흔히 '사과'로 오인되기도 하는데, 이것은 '선악과'라는 명칭의 중요성을 간과한 것이다. 나는 '선과 악을 알게 하는 나무의 열매'라는 뜻을 새롭게 생각해 보았다. 선악은 도덕적 선과 악으로 생각하기 쉽고 보통은 그렇게 해석한다. 그런데 한편으로 히브리어를 포함해 고대 언어에서는 도덕적 선악과 실용적 이득과 불이익을 같은 단어로 썼다는 데에 새삼스레 주목해 보았다. 이를 근거로 '선악과'는 '이로운 것과 해로운 것'을 알게 하는 나무를 뜻한다고 해석하면 어떨까? 그 열매를 먹으면 **자신에게** 이로운 것과 해로운 것을 가려내는 능력이 생기는 것이다.

이 지식은 신-인간-자연의 조화로운 관계에서 '나의 이익과 불이익'을 먼저 계산하게 하고, 이를 통해 자기의 이익을 증대하며, 결국 자신을 세상의 중심에 놓는 자기 몰입적 이기성을 만들어 낸다. 그러나 에덴동산이 이상향인 까닭은 다른 신화와는 달리 심지어 신 자신도 숭배에 목말라 있는 자기 몰입적 이기성을 넘어 인간 및 자연물과 책임 있는 관계를 맺으려는 데 있었다. 인간에게 신을 섬기도록 하는 다른 신화에서와는 달리 에덴에서 신은 인간을 위해 먹을 것과 살 곳과 파트너를 마련해 준다. 그렇다면 신을 닮은 인간도 이타적인 자세를 지녀야 한다. 그런 사람은 타인을 상대할 때 이득과 손실 이전에 기뻐하고 환대하는 태도를 유지해야 한다. 상대가 되는 사람 역시 이를 기꺼이 받아들이며 깊은 관계를 맺어야 한다.

그러나 자기 몰입적 이기성이 개입하면 이 모든 관계는 파탄 날 뿐만 아니라 자기 몰입적 이기성을 지녔다고 전제하는 상대방 앞에서 자신을 보호해야 할 필요가 생긴다. 앞서 말했듯 이것은 수치심과 연관된다. 수치심은 자기의 잘못이나 연약함을 숨기려는 감정적 전략이며, 타자와의 관계에서 자기 몰입적 이기성을 충족하고자 할 때 생기는 도덕적 자책이다. 따라서 자기 몰입적 이기성은 수치심이라는 자기 비하와 이에 대한 반동으로 형성되는 교만을 낳는다. 자기 비하와 교만은 상반된 현상이 아니다. 현대심리학의 용어를 빌리면 그것은 건강한 자아존중감의 부재에서 온다. 자기 비하와 수치심은 실제보다 낮은 자기 평가에서, 반대로 교만은 과도한 자기방어와 보상 심리에서 비롯된다.

한편 신이 자연을 향해 '토브'라고 외쳤듯 이타적인 책임을 지는 인간 역시 자연을 아름다운 것으로 수용하며 그것을 '이름'으로 불러야 한다. 비록 자연이 인간 수준의 인격을 갖추지 못했더라도 인간은 자연을 이 '자원(資源)'으로만 대해서는 안 된다. 이득을 보려는 욕망으로 자연을 도구화할 때 자연은 자원이 된다. 에덴의 자연은 인간의 풍성한 삶을 가능하게 한다. 그것은 인간이 자연을 향해 '이름'을 부르는 인격적 관계 속에 있기 때문이다.●

선악과의 열매를 먹은 아담과 하와 "두 사람의 눈이 밝아져서, 자기들이 벗은 몸인 것을 알고, 무화과나무 잎으로 치마를 엮어서, 몸을 가렸다".(3:7) 에덴 질서의 파괴, 이른바 '타락'이 시작되었다. 먼저 인간-인간관계가 파국에 이른다. 벌거벗고도 서로 부끄러운 줄 모르던 둘 사이에 옷이라는 보호 장치가 필요하게 되었다. 저녁 무렵 신이 에덴을 거닐었다. 그 소리를 들은 "남자와 그 아내는 주 하느님의 낯을 피하여서, 동산 나무 사이에 숨었다".(3:8) 아담은 자신을 찾는 신에게 이렇게 대답했다. "저는 벗은 몸인 것이 두려워서 숨었습니다."(3:10) 인간은 자신의 창조자이자 에덴에 거주하도록 한 사랑의 신을 피해 숨었다. 신과 인간

● 에덴에서 육식은 허용되지 않았다. 《창세기》에서 육식은 노아의 홍수 이후에 허락되었다. 오늘날 서구의 채식주의자들은 이를 종종 언급한다.

사이의 관계가 파탄 난 것이다. 남자는 환호하며 함께했던 여자를 신이 자신에게 준 것이라고 고발한다. "하느님께서 저와 함께 살라고 짝지어 주신 여자, 그 여자가 그 나무의 열매를 저에게 주기에, 제가 그것을 먹었습니다."(3:12) 여자는 신이 에덴에 살게 했을 뱀에게 책임을 떠넘긴다. 주 하느님이 "너는 어쩌다가 이런 일을 저질렀느냐?"고 묻자 여자가 핑계를 댄다. "뱀이 저를 꾀어서 먹었습니다."(3:13)

에덴의 질서는 붕괴되고, 그 결과 생명과 풍요, 기쁨과 즐거움, 영광과 충만한 의미의 세상이 몰락한다. 그것은 세상에 고통이 들이닥쳤음을 뜻한다. 자연물은 결코 함부로 취급될 존재가 아니다. 그러나 에덴의 질서가 붕괴되자 뱀은 저주를 받는다. 신이 말한다. "네가 이런 일을 저질렀으니, 모든 집짐승과 들짐승 가운데서 네가 저주를 받아, 사는 동안 평생토록 배로 기어다니고, 흙을 먹어야 할 것이다. 내가 너로 여자와 원수가 되게 하고, 너의 자손을 여자의 자손과 원수가 되게 하겠다. 여자의 자손은 너의 머리를 상하게 하고, 너는 여자의 자손의 발꿈치를 상하게 할 것이다."(창 3:14-15)

뱀의 존재 가치는 떨어졌고, 사람과는 원수가 되었다.

둘은 서로를 상하게 하는데, 뱀에게 닥칠 운명이 더 비극적이다. 이것은 신의 적극적인 저주 행위라기보다는 에덴의 질서가 무너지면서 생겨날 현상을 알려 준 것이다. 신은 여자에게도 일어날 질서 파괴의 운명을 알린다. "내가 너에게 임신하는 고통을 크게 더할 것이니, 너는 고통을 겪으며 자식을 낳을 것이다. 네가 남편을 지배하려고 해도 남편이 너를 다스릴 것이다."(창 3:16) 이것은 단순히 산통이나 남편의 폭력적 지배를 말하는 게 아니다. 이전에 가장 가까운 관계인 남자와의 사이가 지배와 복종관계로 바뀐 것, 그리고 한 인간 안에 다른 인간이 있는 어머니와 자식 사이에 가장 큰 고통이 발생한다는 것이다. 가장 가까운 사이에 가장 큰 관계의 고통이 들어선다. 이것은 끔찍한 고통이다.

한편 남자에게는 이런 운명이 주어진다. "네가 아내의 말을 듣고서, 내가 너에게 먹지 말라고 한 그 나무의 열매를 먹었으니, 이제, 땅이 너 때문에 저주를 받을 것이다. 너는, 죽는 날까지 수고를 하여야만, 땅에서 나는 것을 먹을 수 있을 것이다. 땅은 너에게 가시덤불과 엉겅퀴를 낼 것이다. 너는 들에서 자라는 푸성귀를 먹을 것이다. 너는 흙에서 나왔으니, 흙으로 돌아갈 것이다. 그때까지, 너는 얼굴

에 땀을 흘려야 낟알을 먹을 수 있을 것이다. 너는 흙이니, 흙으로 돌아갈 것이다."(창 3:17-19)

생존과 풍요의 근원인 땅은 인간 때문에 저주 상태로 들어갔다. 인간은 자연을 자원으로 대할 것이며 자연은 이에 저항해 자신을 보존하려 할 것이다. 하여 인간은 죽는 날까지 고된 노동을 해야만 한다. 자기실현의 노동은 드물고 가시덤불과 엉겅퀴를 내는 땅과 씨름할 것이며, 그래야 겨우 푸성귀와 낟알을 얻을 수 있을 뿐이다. '아다마(הדמא, 티끌)'에서 나왔으나 신으로부터 온 '생명의 기운'을 통해 살아 있는 존재가 된 인간이지만, 이제는 아다마에서 나온 아담은 아다마로 돌아갈 뿐이다. 인간의 존엄과 영광을 상실하고, 죽음을 맞이할 것이다.

신은 에덴의 질서가 붕괴되었을 때도 인간을 향한 연민을 거두지 못했다. 아담과 하와의 보호를 위해 가죽옷을 만들어 그들에게 입혀 주었다.(창 3:21) 그러나 붕괴한 에덴에 그들이 살 곳은 없었다. "그래서 주 하느님은 그를 에덴동산에서 내쫓으시고, 그가 흙에서 나왔으므로, 흙을 갈게 하셨다. 그를 쫓아내신 다음에, 에덴동산의 동쪽에 그룹들을 세우시고, 빙빙 도는 불칼을 두셔서, 생명나무에 이르는 길

≪

이 그림은 미켈란젤로의 시스티나 성당 천장화 중 〈아담의 타락과 추방〉(1508-1512년 추정, 280cm x 570cm, 프레스코화)이다. 중앙에 있는 나무를 중심으로 왼편은 타락을, 오른편은 추방을 그린다. 왼편에서 나무를 휘감은 '뱀의 모양을 한' 사탄은 손을 뻗어 하와에게 선악과를 넘겨준다. 이것은 시스티나 천장화 중 〈아담의 창조〉에서 신과 아담이 서로 손을 뻗어 아담, 즉 인간을 창조하는 장면을 떠오르게 한다. 신이 내민 손을 향해 손을 뻗으면 그는 인간으로서 생명을 얻고, 반대로 사탄이 내민 손에 반응해 같이 손을 내밀면 죽음이 엄습한다. 사탄의 손에 속기 쉬운 이유는 내용은 죽음이지만 표면은 먹음직하고 내게 유익할 것 같은 '열매'이기 때문이다. 또 유혹자의 다리는 뱀으로 그 본질이 무엇인지 선명하지만, 반대로 아름다운 얼굴과 몸을 지녔기에 유심히 관찰하지 않으면 속기 쉽다. 아담은 나무를 잡고 열매를 따고 있는데, 《창세기》는 하와가 아담에게 선악과를 주었다고 기록한다(3:6). 미켈란젤로가 이 내용을 몰랐을 리는 없다. 아담은 왜 명령을 어기고 선악과를 먹었느냐는 신의 질문에 자신이 선악과를 먹은 게 "하느님이 내게 주신 저 여인이 내게 그 나무의 열매를 주어 먹었다"(3:12)라고 변명한다. 미켈란젤로는 이를 비겁하다고 본 모양이다. 그는 아담이 직접 선악과에 손을 댄 것으로 그려 그의 책임을 못박아 둔다.

나무의 오른편에는 칼을 든 천사가 신의 명령에 따라 아담과 하와를 에덴에서 쫓아내는 장면이 있다. 이른바 '실낙원(失樂園)'이다. 하와는 에덴에 미련이 남은 듯 돌아보지만, 아담은 천사의 칼이 목을 겨누고 있어 황급히 그곳으로부터 나오지 않을 수 없다는 듯 손을 내밀어 자신이 거기에 더 머물 의사가 없다는 것을 보여준다. 그림 왼편의 두 인물과 오른편의 두 인물의 표정과 몸짓을 비교하면 자못 흥미롭다.

을 지키게 하셨다."(창 3:23-24) 그날 저녁 무렵 이전에는 신과 만나 서로를 즐기던 인간이 신으로부터 소외된 것이다.

인간은 에덴으로 돌아갈 수 없다. 신과 인간 사이의 소외는 인간 삶의 방향과 가치, 그리고 생명력의 원천을 잃었다는 의미다. 나는 이것을 이렇게 표현하곤 한다. 배를 타고 가다가 풍랑으로 난파를 당했다. 다행히 구명정에 올랐고, 그곳에는 얼마간의 물과 식량, 그리고 그늘이 있었다. 구명정에 탄 나는 북쪽에 가장 가까운 땅이 있다는 정보를 들었다. 그러나 망망대해에서 북쪽이 어디인지를 가늠하기란 쉽지 않고 낮에는 밖에 나올 수 없을 정도로 뜨겁다. 밤에 북쪽으로 노를 젓고자 마음먹는다. 북극성을 따라가면 된다. 밤이 되었다. 그러나 북극성이 보이지 않는다! 방향을 잃은 채 물과 식량은 떨어져 간다. 잠시 살아 있는 듯해도 죽은 목숨과 다를 바 없다. 이것이 신으로부터 소외되었다는 의미다.

1장에서 지혜는 나-나들, 나-타인, 나-'그것'과의 관계 트라이앵글에서 의미와 품격과 아름다움을 만끽하는 기술이라고 해설했다. 에덴의 질서는 그것을 신화적으로 표현했다. 실낙원 이야기는 그것이 파탄 난 현실의 고통을 통찰력 있게 풀이했다. 자기 몰입적 이기성과 그것에서 비롯되는 자기 존중감의 왜곡, 파괴된 관계들, 관계의 파괴와 함께 일어난 인간과 자연물의 가치 하락, 그리고 죽음. 무엇보다 생명과 풍요를 창조하고 선사했던 사랑의 신과의 단절 등이 실낙원 이야기가 알려주는 고통의 기원과 종류다. 《잠언》이 혼돈 괴물에 맞서 삶의 의미를 창조하는 지혜를 말했다면, 《욥기》는 까닭을 알 수 없는 극심한 고통 앞에서 삶의 품격을 유지하는 지혜를 가르친다.

펜으로 쓴 가장 위대한 책
《욥기》

누가 언제 어디서 《욥기》를 기록했는지는 확실하지 않다. 저작 연도는 대략 기원전 6-5세기경으로 추정될 뿐이다. 정확한 저작 시기와 장소, 그리고 저자와 독자를 알면 책을 이해하는 데 큰 도움이 되겠지만 여러 가지 사항들을 추정할 뿐이다. 다만 《욥기》는 시공간, 그리고 문화를 넘어 인간 보편의 문제를 다루고 있기에 우리가 이 책으로부터 지혜를 얻을 수 있는 것은 분명해 보인다.

영국의 사상가이자 작가였던 토머스 칼라일(Thomas Carlyle)은 "나는 욥기에 대한 모든 이론이 어떠하든 욥기를 펜으로 쓴 가장 위대한 책 중 하나라고 부른다"라고 말했다. 《욥기》에 대한 유명한 사상가와 문학가들의 찬사는 몇 페이지고 더할 수 있다. 《욥기》 해석사를 살펴보면 많은 이들이 이 책에 매료되었고, 이 책을 설명하면서 자신의 통찰

과 사상을 전개했다는 것을 알게 된다.•

《욥기》는 《잠언》의 지혜와 견주어 회의(懷疑)의 지혜, 전복적 지혜 또는 반성적 지혜라고 불린다. 《잠언》이 이 세상이 지혜로 창조되어 질서가 있고, 사람은 그 질서를 알 수 있으며, 질서의 심화와 확장에 참여해 기쁨과 즐거움을 누리며, '시냇가에 심은 나무'처럼 곧고 풍성한 가지, 싱싱한 잎, 풍성한 열매를 맺는 삶을 말하는 반면, 《욥기》는 지혜가 이 세상을 창조했다는 것에는 동의하지만 사람이 지혜를 알 수 있는지에 대해서는 다른 의견을 가지고 있다. 《욥기》 28장이 이를 잘 표현한다.

인간은 땅을 아주 깊이 파고 인간은 물론 동물이 가닿지 못하고 볼 수 없는 곳까지 들어가 각종 진귀한 보물을 찾고 감추어진 보화를 들추어낸다. "그러나 지혜는 어디에서 얻으며, 슬기가 있는 곳"은 알지 못한다. "지혜는 사람에게서 발견되는 것"이 아니며, "어느 누구도 지혜의 참 가치를 알지 못한다."(28:12-13) 사람이 발견하지 못한 그것

• 마크 래리모어, 강성윤 옮김, 《욥기와 만나다 – 고통받는 모든 이를 위한 운명의 책》, 비아, 2021.

은 장엄한 자연도 알지 못한다. 고대 근동 문학에서 흔히 지혜가 숨겨진 곳으로 등장하는 '깊은 바다'도 마찬가지다. "깊은 바다도 '나는 지혜를 감추어 놓지 않았다' 하고 말한다. 넓은 바다도 '나는 지혜를 감추어 놓지 않았다' 하고 말한다."(28:14) 그 가치는 세상의 그 어떤 것보다 귀한데 모든 생물에게 그것은 감춰져 있다. 오로지 신만이 지혜가 있는 곳에 이르는 길을 알고 "지혜를 보시고, 지혜를 칭찬하시고, 지혜를 튼튼하게 세우시고, 지혜를 시험해 보셨다".(28:27)

이처럼 《잠언》과 《욥기》 모두 지혜가 분명히 있다고 동의하지만, 지혜를 아는 것에 관해서는 확연한 차이가 있다. 《욥기》의 하느님 역시 사람에게 이렇게 말한다. "주님을 경외하는 것이 지혜요, 악을 멀리하는 것이 슬기다."(28:28) 《잠언》 역시 야웨 경외가 지혜의 출발점이다. 그러나 《욥기》에서 모든 지혜는 야웨 경외일 뿐 그 외에 인간이 '지혜'라고 부르는 모든 것은 불분명하다. 《잠언》과 같은 경구를 수없이 접했을 것 같은 《욥기》 저자는 어떻게 그렇게 생각할 수 있었을까? 그것은 삶에 들이닥치는, 영문도 없이 까닭도 없이 밀려오는 고통 때문이었다.

이 책은 신정론을 다룬다. 신정론이란 '신은 전능하고 정의롭고 선한데 왜 의로운 사람에게 고통이 있느냐?'를 다루는 이론이다. 신을 가정하지 않고도 삶과 사회를 향해 이렇게 외치는 것은 얼마든지 가능하다. 왜 선한 사람이 고통받고 악인은 풍요를 누리는가? 왜 정의가 실패하고 불의가 득세하는가? 도덕과 윤리는 연약하고, 게걸스러운 힘은 왜 제 뜻을 관철하는가? 《욥기》는 이 질문을 주인공 욥을 통해 처절한 방식으로 다룬다.

《욥기》의 구조는 아래와 같이 그리 어렵지 않게 파악할 수 있다.

1. 서언(1-2장)
    1) 욥 소개(1:1-5)
    2) 하늘 회의와 욥의 시험(1:6-2:10)
    3) 욥의 친구들의 방문(2:11-13)

2. 욥과 친구들 사이의 논쟁(3-37장)
    1) 욥이 여는 고통의 노래(3장)
    2) 욥과 세 친구들의 첫 번째 논쟁(4-14장)

3) 욥과 세 친구들의 두 번째 논쟁(15-21장)

4) 욥과 두 친구의 논쟁 (22-26장)

5) 욥이 닫는 고통의 노래(27-31장)

6) 엘리후의 연설(32-37장)

3. 하느님과 욥의 대화(38:1-42:6)

1) 하느님과 욥의 첫 번째 대화(38:1-40:5)

2) 하느님과 욥의 두 번째 대화(40:6-42:6)

4. 결말(42:7-17)

1) 친구를 위해 기도하는 욥(42:7-9)

2) 욥의 이후의 삶(42:10-17)

제1막,
지혜자 욥과 고통

욥과 하늘 회의

《욥기》는 '욥'이라는 한 잠언적 지혜의 절정에 달한 인물을 소개하며 시작한다.(1:1-3)

> ¹ 우스라는 곳에 욥이라는 사람이 살고 있었다. 그는 흠이 없고 정직하였으며, 하느님을 경외하며 악을 멀리하는 사람이었다. ² 그에게는 아들 일곱과 딸 셋이 있고, ³ 양이 칠천 마리, 낙타가 삼천 마리, 겨릿소가 오백 쌍, 암나귀가 오백 마리나 있고, 종도 아주 많이 있었다. 그는 동방에서 으뜸가는 부자였다.

그의 품성은 흠이 없고 정직했다. 그리고 야웨를 경외하고 악을 멀리했다. 이것은 위에서 살펴보았듯《잠언》의 지혜를 구현한 인물이라는 뜻이다. 이와 같은 지혜의 인물인 욥은 부유한 삶을 살았다. 열 명의 자식이 있고, 가축과 종도 많았다. 그는 으뜸가는 부자였다. 우리가 《잠언》에서 살펴본 대로 그는 지혜의 길을 걸어 번영을 누리며 살았다. 부모와 자식과의 관계도 모두 좋았다. 가족의 생일이면 각 집을 돌아가며 잔치를 벌였고, 잔치 다음 날 욥은 새벽에 일어나 자신이나 가족이 혹시라도 흥에 겨워 교만한 생각과 말을 했을까 봐 신을 향해 자식의 수대로 제사를 올렸다.(1:5) 이뿐만이 아니었다. 그는 자신에게 온 복이 노력의 결과라고 생각하지 않았고, 주변 사람들도 넉넉하게 도왔다. 그는 이렇게 말한다.(29:12-17)

¹² 내게 도움을 청한 가난한 사람들을 내가 어떻게 구해 주었는지, 의지할 데가 없는 고아를 내가 어떻게 잘 보살펴 주었는지를 자랑하고 다녔다. ¹³ 죽어가는 사람들도, 내가 베푼 자선을 기억하고 나를 축복해 주었다. 과부들의 마음도 즐겁게 해주었다. ¹⁴ 늘 정의를 실천하고, 매사를 공평하게 처리하였다. ¹⁵ 나는 앞을 못 보는 이에게는 눈이 되어 주고, 발을 저는 이에게는 발이 되어 주었다. ¹⁶

궁핍한 사람들에게는 아버지가 되어 주고, 알지도 못하는 사람들의 하소연도 살펴보고서 처리해 주었다. [17] 악을 행하는 자들의 턱뼈를 으스러뜨리고, 그들에게 희생당하는 사람들을 빼내어 주었다.

정말 욥은 1장 1절의 소개 대로 흠잡을 데 없는 인물이었다. 그는 자선을 행했을 뿐만 아니라 정의를 수호하고 실행하는 데 앞장선 인물이다. 그러기에 《잠언》의 지혜에 따르면 그가 "나는 죽을 때까지 이렇게 건장하게 살 것이다. 쇠털처럼 많은 나날 불사조처럼 오래 살 것이다. 나는, 뿌리가 물가로 뻗은 나무와 같고, 이슬을 머금은 나무와 같다. 사람마다 늘 나를 칭찬하고, 내 정력은 쇠하지 않을 것이다"(29:18-20) 하고 자신 있게 생각할 만하다. 그러나 욥의 삶에 큰 위기가 닥쳤다. 그것은 그에게서 비롯된 게 아니다. 인간의 힘이 전혀 미치지 않는 신이 주재하는 하늘 회의에서다.

고대 지중해 세계의 여러 종교는 신들이 모여 회의하는 상면을 종종 묘사한다. 우리가 쉽게 접할 수 있는 그리스 신화만 봐도 신들은 중요한 안건이 생기면 모두 모여 회의를 한다. 신들의 회의 결과가 인간에게 결정적인 영향을 미치나 인간은 하늘 회의의 결정을 알아 낼 수도, 막을 힘도 없다. 그런데 신들 역시 자신들의 회의 결과를 늘 관철할 수 있는 것은 아니다. '운명의 세 여신' 모이라이(Μοῖραι)는 삶의 시작과 과정과 마지막을 주관한다. 모이라이의 결정은 최고 신인 제우스조차 거역할 수 없고, 종종 제우스는 세 여신과 협상을 시도하지만 자기의 뜻을 관철하지 못한다. 야웨 역시 하늘 회의를 열고 여기서 의논한다. 그러나 《욥기》의 신은 그런 운명에게도 얽매여 있지 않다. 세상의 모든 일은 그의 뜻에 따라 이루어진다. 물론 의논의 결과 역시 그의 주관과 책임 아래 있는 것은 당연하다.

《욥기》에서 이스라엘의 신 야웨가 주재하는 하늘 회의에는 야웨와 '같은' 신이 아니라 그를 돕는 존재들이 참석한다. 그가 절대적이기 때문이다. "하루는 하느님의 아들들이 와서 주님 앞에 섰는데, 사탄도 그들과 함께 서 있었다."(1:6) '하느님의 아들들'이란 야웨가 거느린 천사들을 가리킬 것이다. 그 회의 자리에는 사탄도 있었다. 사탄도 신의 아들일까? 신이 주재하고 그의 아들들이 오는 자리이니 사탄도 아들이라고 주장할 수 있고, 이와는 달리 아들들 외에 다른 초자연적 존재가 신의 부름을 받고 왔다고 생각하며 사탄은 신의 아들이 아니라고 말할 수도 있다. 여하튼 《욥기》 당시만 하더라도 사탄은 야웨의 회의 자리에 참석해 의견을 나눌 수 있는 존재였다.

사탄의 신분이 본문에 명확하게 드러나 있진 않지만, 그가 하는 일이 무엇인지는 분명하다. '사탄(שׂטן)'은 '반대편에 선 고발자'를 뜻한다. 그는 하늘 회의에서 누군가의 잘못을 자세히 밝혀 고발하는 역할을 맡는다. 하늘 회의는 세상을 운영하는 기획회의이기도 하고 때로는 법정이 되기도 한다. 훗날 사람들은 사탄을, 신에게 사람들의 죄악을 고발하는 존재만이 아니라 신에게 맞서 사람들을 유혹해 자기편에 서게 하고, 신에게 대적하는 존재로 인식하기에 이른다.《욥기》의 사탄은 아직 신에게 인간의 잘못을 고발해 마땅한 대가를 치르게 하는 검사 역할을 담당할 뿐이다.

회의에 참석한 사탄에게 신은 욥을 자랑한다. "너는 내 종 욥을 잘 살펴보았느냐? 이 세상에는 그 사람만큼 흠이 없고 정직한 사람, 그렇게 하느님을 경외하며 악을 멀리하는 사람은 없다."(1:8) 욥은 신도 인정하는 진정한 지혜를

구현한 인물이었다. 그러나 사탄은 신의 말을 순순히 받아들이지 않는다.(1:9-11)

> ⁹ 그러자 사탄이 주님께 아뢰었다. "욥이, 아무것도 바라는 것이 없이 하느님을 경외하겠습니까? ¹⁰ 주님께서, 그와 그의 집과 그가 가진 모든 것을 울타리로 감싸주시고, 그가 하는 일이면 무엇에나 복을 주셔서, 그의 소유를 온 땅에 넘치게 하지 않으셨습니까? ¹¹ 이제라도 주님께서 손을 드셔서, 그가 가진 모든 것을 치시면, 그는 주님 앞에서 주님을 저주할 것입니다."

사탄은 욥이 '까닭 없이' 신을 경외하는 게 아니라고 답한다. 욥이 신을 존중하며 이웃을 배려하는 이유는 결국 자기 자신과 이익 때문이라는 뜻이다. 그러니 만약 욥이 신이 내려주는 보상을 잃게 된다면 그는 반드시 신의 면전에서 욕을 할 것이라고 주장한다. 욥의 야웨 경외와 자선은 모두 자신의 이득을 위한 것일까? 그래서 그것은 열등한 것일까? 진화생물학자 리처드 도킨스(Richard Dawkins)는 비종교인 혹은 무신론자들이 종교인보다 훨씬 더 도덕적이라고 강변한다. 그에 따르면 종교인들은 신의 보상을 바라고 선행을 하지만 비종교인들 혹은 무신론자들은 선행 그 자체를 목적으로 하기 때문에 더 고귀하다.

도킨스의 주장은 그의 평소 주장과 모순된다. 도킨스는 우리의 도덕이 자신의 생존을 보장하려는 유전자의 욕망의 결과라고 제안한다. 그러니 유전자의 생존 욕망을 충족하는 인간의 도덕 행위가 신의 보상을 바라는 것보다 우월할 근거는 없다. 그러나 우리는 이 질문 앞에서 우리 자신에게 물을 수 있다. 우리는 물질적 보상이나 사회적 인정, 아니면 자기만족을 위해서가 아니라 덕목 그 자체, 즉 진리와 선함과 아름다움 자체를 대가 없이 추구할 수 있는가? 이런 의미에서 사탄의 고발은 인간 전체를 향한다. "너희의 정의와 악행과 도덕은 대가를 바라고 하는 자기 이익적 행위가 아닌가?" 나아가 "선하고 의로운 삶을 살아온 사람이 뜻 모를 역경 속에서도 도와 덕을 잃지 않을 수 있는가?"라는 질문도 깔려 있다. 욥을 자랑했던 신은 이렇게 답한다. "그가 가진 모든 것을 다 네게 맡겨 보겠다. 다만, 그의 몸에는 손을 대지 말아라!"(1:12)

욥과 가족의 운명은 이렇게 하늘 회의에서 결정되었

다. 욥에게는 시련이 닥칠 것이다. 그것은 욥의 잘못이 아니다. 이것은 대가 없이 완전하고 경건하고 이웃을 도왔다는 욥에 대한 신의 평가와 욥의 언행은 보상을 받은 결과라는 사탄의 고발이 맞선 결과다.

현대인들은 이 이야기를 듣고 자연스레 신과 '하늘 회의'를 운운하는 것이나 욥의 시련이 신과 사탄의 대결의 결과라는 것 모두 신화적이라고 받아들일 수 없다며 고개를 돌릴 수 있다. 그러나《욥기》는 문학이다! 문학에는 핵심 문제를 다루기 위한 설정이 있기 마련이다. 이 설정은 'A가 자연수라면'이라는 단서를 달고 있는 수학 문제와 같다. 단서는 문제를 풀기 위한 설정이다. 문학은 이야기를 전개하면서 자신이 제시하는 주제를 전하기 위해 무대를 세팅한다.《욥기》의 신이나 하늘 회의 모두 그런 설정에 해당한다. 하여 독자들이 물어야 할 것은 그런 설정을 통해 무엇이 핵심 주제로 등장하느냐이다.

휘몰아치는 고통 속 지혜자 욥
완전하고 따뜻하고 올바르고 겸손하고 감사하며 정의를 실행하던 욥은 자신의 언행에 상관없이 하늘 회의에서 벌어진 토의의 결과로 고통을 당하게 되었다. 소, 나귀, 낙타, 양떼, 일꾼들을 약탈자에게 빼앗기거나 벼락으로 잃었다. 맏아들 집에서 잔치를 벌이던 자녀들은 광야에서 불어온 모진 바람에 집이 무너져 모두 죽게 되었다.(1:13-19) 욥에게는 잘못이 없다. 그는 하늘 회의의 결과도 알지 못한다. 안다 해도 돌이킬 능력이 없다.

이 글에서 독자들이 간파한 핵심 주제는 바로 '인간이 당하는 고통은 그의 개인적인 언행과 상관없이 온다'는 것이다. 느닷없이 이어지는 고통, 밀려오는 고난 앞에 선 사람의 무기력, 부조리한 삶 자체 등에 인간은 어떻게 대응할 것인가? 그에게 고통을 주는 존재는 사탄과 약탈자이지만, 그것은 욥을 자랑하고 그를 아끼던 신의 허락 아래 이루어졌다. 아니 허락한 정도가 아니다. 사탄의 도발은 "주님께서 손을 드셔서, 그가 가진 모든 것을 치시면"(1:11)이었고, 본문의 흐름상 신은 사탄의 제안을 받아들였다. 즉, 신도 욥의 고통에 책임이 있다.

우리가 믿거나 적대시하는 대상 모두 우리에게 고통을 준다. 한때 우리에게 복과 기쁨을 준 대상이 어느 순간 심한 고난을 주기도 한다. 고통의 원인이나 이유를 딱히 알 수 없다. 아마도 우리가 모르는 무엇이 있었을 수 있다. 그러나 우리는 그것을 모르기에 미연에 방지할 수도 없고, 고통이 밀물처럼 밀려와도 빠져나갈 방법도 능력도 없다. 이때 덕으로 가득했던 인간, 욥은 무엇을 할 수 있는가? 혹은 해야 하는가? 재산을 모두 잃고 마침내 자식들마저 다 죽고 난 후에 《욥기》는 욥의 행동을 알려준다.

> [20] 이때에 욥은 일어나 슬퍼하며 겉옷을 찢고 머리털을 민 다음에, 머리를 땅에 대고 엎드려 경배하면서, [21] 이렇게 말하였다. "알몸으로 어머니 자궁에서 나온 이 몸 알몸으로 돌아가리라. 주신 분도 주님이시요, 가져가신 분도 주님이시니, 주님의 이름을 찬양할 뿐입니다." [22] 이렇게 욥은, 이 모든 어려움을 당하고서도 죄를 짓지 않았으며, 어리석게 하느님을 원망하지도 않았다.(새번역 일부 수정)

재산을 잃었을 때는 반응하지 않던 욥이, 자식들이 모두 죽었다는 소식에는 일어나 겉옷을 찢고 머리를 깎았다. 그가 한 행동은 가족의 죽음에 대한 슬픔을 표현하는 전형적인 방식이다. 그는 매우 슬퍼하고 고통스러워한다. 그의 온몸이 흔들리고 가슴은 무너지고 팔다리는 힘을 잃었을 것이다. 그러나 그는 힘을 끌어모아 땅에 엎드려 입을 연다. 무슨 말을 할 수 있을까? 그는 모든 사람의 운명이기도 한 자신의 삶을 간략하게 표현한다. "알몸으로 어머니 자궁에서 나온 이 몸 알몸으로 돌아가리라." 어머니의 자궁으로 다시 돌아갈 수 없으니, 그가 알몸으로 돌아갈 자궁은 자연일 것이다. 이는 신이 아담에게 선언한 인간의 운명과 같다. "너는 티끌이니 티끌로 돌아가리라."(창 3:19)

욥의 행동과 말은 스토아 철학을 떠올리게 한다. 로마의 황제이자 스토아 철학자이기도 한 아우렐리우스(Marcus Aurelius)는 《명상록(Τὰ εἰς ἑαυτόν)》에 이렇게 썼다.

> 죽을 수밖에 없는 모든 인생이 얼마나 무상하고 하찮은지 살펴보라. 어제는 한 방울의 정액이요, 내일은 한 줌의 재다. 그러므로 자연이 명령한 대로 이 지구상의 덧없는 순간들을 보내라. 그리고 올리브 열매가 때가 되면 낳아 준 대지를 축복하고 생명을 준 나무에 감사하면서 떨어지는 것처럼 기꺼이 안식을 취하라.•

≪

영국의 시인이자 화가였던 윌리엄 블레이크(William Blake)는 《욥기》를 그림으로 옮겼다. 이 그림은 〈욥과 그의 가족〉이다. 욥과 그의 아내가 아름다운 나무 앞에 앉아 무릎에 성경을 펴놓고 있다. 둘 다 신을 경외한다. 아내는 손을 모으고 있다. 나무 위에는 온갖 악기가 있다. 신을 찬양한다는 뜻이다. 자녀들은 양쪽에 또 앞에 무릎을 꿇고 부모의 경건을 배운다. 양떼가 화면 아래와 양옆에 가득하다. 아침 해가 뜨는 왼편에도, 저녁달과 별이 지키는 오른쪽에도 가족의 경건과 화목과 풍요로움이 지속된다. 이 그림을 가만히 바라보다가 욥의 가족에게 닥친 재앙을 하나하나 세어보면 비감(悲感)이 깊어진다. '하늘 회의'에서 일어난 신과 사탄의 내기에 그와 가족의 삶은 파탄이 났다. 《욥기》에 어떤 말도 남기지 못한 욥의 자식들의 비명은 무엇이었을까?

욥은 전능자를 찬양한다. 전능자는 복과 기쁨을 주었고, 이번에는 그것을 가지고 갔다. 이를 통해 전능자의 능력이 한껏 드러났다는 게 욥의 찬양 내용이다. 이미 욥은 자신의 노력과 보상이 상응하지 않다는 것을 알고 있던 인물이라고 말했다. 그러니 사실 자기의 잘못과 처벌 역시 상응하지 않다는 것도 알고 있었다고 추측하는 편이 설득력 있다. 누군가는 이런 욥의 태도를 두고 신의 이름으로 인간의 순응과 굴종을 강요하는 못된 이데올로기가 숨어 있다고 반박할 수 있다. 이런 태도는 인간을 무기력하게 만들고, 사회의 부정의를 감내하라는 가르침으로 이어질 수도 있다고 논박할 것이다. 패배주의적 삶의 태도라고 폄하하는 이들도 있을 것이다. 또 인간 고통의 문제를 자세하고 철저히 탐구하는 것을 방해한다고 비판할 수도 있다. 모두 일리가 있다. 그러나 욥을 두고 인간의 모델이라고 여길 사람들도 있다. 이미 언급한 스토아 철학자들이다.

비록 스토아 철학자마다 견해가 다르기는 하지만 그

● 아우렐리우스, 《명상록》, IV 48. 존 코팅엄, 강혜원 옮김, 《삶의 의미》, 동문선, 2005, 62에서 재인용.

철학에는 전체적인 윤곽이 있다. 첫째, 고통이 인간의 삶에 불가피하다는 생각이다. 고통은 예외적 현상이 아니라 편만한 것이다. 도리어 고통이 없는 때가 예외적이다.

둘째, 외부의 고통과 내면을 구분한다. 말했듯 외부의 고통은 언제 어디서나 일어나고 대부분의 경우 우리의 통제 밖에 있다. 집중해서 운전을 해도 갑자기 튀어나오는 차와 부딪히지 않을 도리가 없다. 그러나 사고 이후 그 고통에 대한 우리의 반응은 내면의 문제다. 외부의 고통은 통제할 수 없지만, 내면과 대응은 우리가 통제할 수 있고 또 내면의 능력도 강화할 수 있다. 고통의 결과를 두고 화내기보다는 삶의 일부로 수용하고 평정심을 유지하며 주어진 상황을 이치에 맞게 대응할 수 있다.

셋째, 내면의 덕을 쌓아 끝내 '아파테이아(ἀπάθεια)'에 이를 수 있다. 아파테이아는 불안정한 정념이나 열정에서 놓인 자유의 상태이며 외부에 동요하지 않는 평온의 상태를 뜻한다. 에픽테토스(Ἐπίκτητος)는 아파테이아를 강조했다. 외부에서 일어나는 사건은 그저 일어나는 것이다. 인간의 가치와 기준에는 선과 악이 있고, 호와 불호가 있다. 그러나 그 기준은 시간과 장소에 따라 달라지기 마련이다. 외부 사건은 그렇게 일어난다. 그 사건의 해석과 대응 방식을 우리가 이치에 따라 선택할 수 있다. 스토아 철학자들에게 "이 모든 일을 당하여 죄를 짓지 않았고 하느님을 비난하지도 않"은 욥은 모범적 인물이었을 것이다.

고통을 맞이하면 이런 태도를 취하라는 격려는 불교에서도 들은 적이 있다. 한 사람이 새벽 짙은 안개 속에서 배를 타고 노를 젓는다. 갑자기 저쪽에서 배가 나타나 자기 쪽으로 급하게 다가온다. 충돌을 피하려 애써 노를 저어 방향을 바꾸며 "조심해!"라고 소리를 지른다. 하지만 소용없다. 자신은 최대한 방향을 틀었지만 상대편 배가 경고에도 전혀 반응하지 않아 충돌하고 말았다. 화가 난 사람이 자리에서 일어나 배를 향해 큰 소리로 꾸짖으며 항의했다. 그러나 그 배는 빈 배였다. 빈 배는 그렇게 물살에 밀려 자기가 탄 배에 다가왔을 뿐이다. 의도가 없는 배를 도덕적으로 비난하는 것은 바보짓이다. 자기 팔자를 탓하며 억울해한다고 해서 나아질 것도 없다.

욥은 《잠언》의 지혜인 신을 경외하는 자가 번성하고 그렇지 않은 자가 멸망한다는 '지혜'를 넘어선다. 대신 욥은 신을 향한 경외와 인생의 풍요, 그리고 파탄 역시 연결하지 않는다. 신을 경외한다는 자신의 덕목과 삶의 부유함을 연결하려는 사람에게는 진정한 의미의 삶을 향한 감사가 없다. 성공은 바로 자기 노력의 결과이기 때문이다. 경외와 성공을 인과응보로 묶는 논리는 가난한 사람을 향한 경멸이나 폄하로 이어질 수 있다. 어쩌면 오늘날 능력주의의 어리석음과 다르지 않을 것이다. 능력주의는 개인의 능력과 실력에 맞춰 그에 응당한 기회와 보상이 주어져야 한다는 이념이다.

이 이념은 짧게는 사회적 차원에서 효율성과 구성원들의 동기부여에 도움이 되었을 수 있다. 그러나 길게는 사회적 비효율성을 불러오는 것은 물론, 자신의 능력이 아닌 환경의 덕에 의한 성공이 너무나 자주 목격되는 현실에서 구성원들의 동기저하를 가져온다. 능력주의의 또 다른 문제는 삶과 주변 사람 및 환경에 대한 마땅한 감사와 배려를 잃어버린 데 있다. 이른바 성공했다는 사람 중 소수는 자신의 재능과 노력을 강조할지 모르지만, 세상을 살아본 사람들은 이른바 '운칠기삼(運七技三)'에 더 공감한다. 그보다는 '운구기일(運九技一)'이 더 적확한 사람살이 모습이라고 주장하는 사람들도 여럿 봤다. 제아무리 축구 천재라도 축구가 없는 고대 세계에 태어났다면 그는 지금과 같은 명성과 부를 얻지 못한다.

 욥은 이전에 자신이 꾸린 단란한 가정과 많은 재산을 자신이 행한 야웨 경외의 결과로 간주하지 않았다. 그것은 신이 준 것이다. 그러니 그것을 신이 가져갔다고 해서 야웨를 비난할 이유가 없다고 생각했다. 그는 부유함과 고통 중 어느 상황에서도 신을 긍정한 것이다. 다른 말로 바꾸면 그는 삶을 긍정했다. 고통스럽고 고통스럽다. 그러나 그는 아직 이 단계에서 삶을 부정하지 않는다. 그에게 일어난 고통에도 불구하고 그는 신과 자신과 다른 사람을 향한 경외를 놓치지 않으려 한다. 어떤 사람은 이런 욥과 아담을 견준다. 아담처럼 그는 신과 더불어 지내면서 풍요를 누렸다. 그러나 사탄과 뱀이 시험했을 때, 아담은 그 시험에 굴복해 자기몰입적 이기성에 따라 '타락'한 반면, 욥은 그 시험을 견뎠다.

 욥은 보상과 관계없이 전능자를 찬양했고, 이로써 신과 사탄의 대결에서 신은 승리했다. 전능자가 때로는 복을, 때로는 저주를 주어도 욥은 그것 때문에 신과 자신을 바라보는 태도를 달리하지 않았다. 그는 신을 비난하지 않았다.

그는 여전히 "완전하고 진실하며 하느님을 두려워하고 악한 일은 거들떠보지도 않는 사람"이다. 욥은 인과응보에 매이지 않아 도리어 삶을 긍정할 수 있었다.

작게는 욥, 크게는 인류 전체를 향한 사탄의 질문, 곧 인간은 보상에 대한 기대 없이 순전할 수 있는가, 삶의 역경 속에서도 신을 향해 경외하는 자세를 유지할 수 있는가에 대해 욥은 신의 생각에 부응했다. 외부 상황과 조건은 어떤 알 수 없는 원인이나 이유로 달라질 수 있다. 우리가 그것을 멈출 수 없을 때가 대부분이다. 그럴 때 인간은 어떤 지혜를 갖춰야 하는가?

인과응보의 당위를 주장하고 누군가를 원망하며 자신을 학대하는 대신 자신의 삶을 긍정하는 자세를 잃지 않아야 한다. 자신이 누구인지, 누구였는지, 누구이고자 하는지를 스스로 확인해야 한다. 신이나 누군가를 원망하거나 자신을 탓하지 않는다. 대신 고통으로 가득 차더라도 티끌에서 왔다가 티끌로 돌아가는 삶을 긍정할 수 있어야 한다. 만약 외부의 상황에 억울해하며 자신을 잃는다면, 그는 모든 것을 잃는 것이다. 욥의 이런 태도는 동시대의 그리스도교를 신랄하게 비판했던 니체(Friedrich Nietzsche)의 고통에 대한 견해를 부분적으로 떠오르게 한다.

니체에 따르면 그리스도교는 고통을 당하는 사람들에게 자신의 잘못으로 벌을 받는다는 죄책감과 그 고통이 신을 함부로 대해 생긴 결과라는 신에 대한 두려움을 심어준다. 또 약자는 자신의 고통을 두고 원한과 복수의 감정을 품고 외부 세계나 다른 대상에게 이를 투사해 자신의 고통에 책임질 존재를 찾고 그를 비판하려 한다. 그러나 니체는 고통을 삶의 전제로 수용한다. 니체의 인간은 고통을 당하더라도 자신을 죄인으로 간주하거나 다른 이들을 비난하지 않는다. 고통으로부터 구원받고자 하는 노력 대신 그것을 통해 심오해지고 이전의 나와는 다른 변화를 만들고자 한다. 욥은 인과응보의 논리에 매이지 않고, 그곳에서 벗어나 부유함과 고통의 조건을 넘어 삶을 긍정한다. "주님의 이름을 찬양할 뿐입니다"라고 말하는 욥은 니체가 바랐던 위버멘쉬(Übermensch), 곧 초인의 모습과 크게 다르지 않다. 욥은 어떻게 될까? 그의 상황은 나아지지 않는다. 도리어 욥은 더 큰 고통을 겪어야 했다.

제2막, 가중된 욥의 고통과 주변 사람들

두 번째 하늘 회의

욥은 순전함을 지켰지만, 사태는 더욱 악화된다. 신과 사탄의 대결에서 신이 승리한 후, 하늘 회의가 다시 열리는 날이었다.(2:1-3)

> ¹ 하루는 하느님의 아들들이 와서 주님 앞에 서고, 사탄도 그들과 함께 주님 앞에 섰다. ² 주님께서 사탄에게 "어디를 갔다가 오는 길이냐?" 하고 물으셨다. 사탄은 주님께 "땅을 이리저리 돌아다니다가 오는 길입니다" 하고 대답했다. ³ 주님께서 사탄에게 말씀하셨다. "너는 내 종 욥을 잘 살펴보았느냐? 이 세상에 그 사람만큼 흠이 없고 정직한 사람, 그렇게 하느님을 경외하고 악을 멀리하는 사람이 없다. 네가 나를 부추겨서, 공연히 그를 해치려고 하였

지만, 그는 여전히 자기의 온전함을 굳게 지키고 있지 않느냐?"

새로운 회의를 연 신은 그곳에 참여한 사탄에게 자신의 승리를 말하며 욥을 다시 한번 자랑한다. 나는 이전에도 본문을 여러 번 읽었지만 이번에 다시 읽으면서 소름이 끼쳤다. 이 본문에 등장하는 신은 여기서 욥이 당하는 고난에는 전혀 관심이 없는 듯하다. 여느 인간이라면 욥의 상황을 보고 사탄에게 욥에 관한 자기 생각, 곧 대가 없이 경건한 인간 존재에 관한 자기의 생각이 옳았다는 것을 밝히고는 이내 욥의 고난을 멈추겠다고 말했을 것이다. 그러나 본문의 신은 자기의 생각이 옳았다고 말하는 게 전부다. 신은 욥에게 연민을 표현하지 않는다!

여기서 우리는 신의 본질과 속성에 관해 질문하고 싶어진다. '신'을 믿지 않는 무신론자라도 '신'을 우주적 질서나 근원 혹은 삶의 원리 등으로 치환해 이 질문에 동참할 수 있다. 여러 형태의 질문이 가능하다. '신'은 근본적으로 인간과 그들의 고통에 무관심한가? 신과 우주의 본질은 인간이 보기에 특정한 질서 없이 거대한 부조리를 낳을 뿐인가? 신과 우주는 그 자체로 그렇게 존재할 뿐이고 우연과 돌발로서 우리에게 침입하는 것인가? 누군가 한 말이다. 《욥기》에서는 신조차도 무신론적이라고. 이렇게 말하는 신이 절대자로서 역사와 자연을 운행한다면 정말 끔찍하지 않겠는가.

《욥기》의 신은 간단하게 파악되지 않는다. 위에서 말했듯 《욥기》의 신은 욥의 고통을 멈추자고 말하지 않는다. 그러나 그 신이 욥의 상태에 아주 관심이 없는 것도 아니었다. 그는 욥을 자랑스러워했고, 첫 번째 시험에서 사탄에게 욥의 재산을 뺏는 것은 허락했지만 그의 몸만은 건드리지 말라며 제한을 두었다. 결국 신은 무정하기도 하고 다정하기도 하다. 이렇게 신은 인간에게 종잡을 수 없는 미스터리로 남는다. 《잠언》이 하느님을 아는 게 지혜라고 했다면, 《욥기》의 지혜는 신은 미스터리라는 것을 깨닫는 데 있다.

첫 번째 대결에서 패배한 사탄은 신의 말에 이렇게 응답한다.(2:4-7)

⁴ 사탄이 주님께 아뢰었다. "가죽은 가죽으로 대신할 수 있습니다. 사람은 자기 생명을 지키는 일이면, 자기가 가

진 모든 것을 버립니다.⁵ 이제라도 주님께서 손을 들어서 그의 뼈와 살을 치시면, 그는 당장 주님 앞에서 주님을 저주하고 말 것입니다!"⁶ 주님께서 사탄에게 말씀하셨다. "그렇다면, 그를 너에게 맡겨 보겠다. 그러나 그의 생명만은 건드리지 말아라!"⁷ 사탄은 주님 앞에서 물러나 곧 욥을 쳐서, 발바닥에서부터 정수리에까지 악성 종기가 나서 고생하게 하였다.

'가죽으로 가죽을 바꿉니다'는 동등한 교환을 뜻하는 경구다. 사탄의 두 번째 고발 논리는 이렇다. '욥이 신을 비난하거나 욕하지 않은 것은 그의 몸을 직접적으로 건들지 않았기 때문이다. 만약 욥의 몸에 직접 위해가 있으면 욥은 곧 신을 욕할 것이다.' 신은 사탄의 두 번째 도전을 받아들인다. 신과 사탄의 대결 사이에서 욥은 죽어 나간다. 신은 사탄에게 욥의 몸이 병들게 만드는 것은 허락하지만 목숨만은 건드리지 말라고 제한적 시련을 허락한다. 앞서도 말했듯 신은 미스터리다. 그는 연민과 잔혹성을 동시에 지닌 것처럼 표현된다. 신과 사탄의 두 번째 대결이 아무런 흠이 없는 욥에게 가혹하게 찾아든다. 욥은 온몸에 심한 부스럼이 났다. 욥은 두 번째 시험 앞에 대응해야 했다.

욥과 주변 사람들

욥의 몸에 악성 종기가 났다. 예전에는 오늘날처럼 의학이 발달하지 않았기 때문에 피부병을 세세하게 구분하지 않았다. 그러나 고대인들도 피부 질환이 전염성이 있다는 것은 알았고, 자신들을 보호하기 위해 환자를 격리했다. 환자 스스로도 다른 사람에게 자신이 격리되어야 한다는 것을 알리기 위해 특정한 상태를 유지했다. 욥은 잿더미 위에 앉았다. 재는 불에 타고 남은 것이다. 당시에는 쓰레기를 불태워 처리하는 게 일반적이었으며, 화재 등의 이유로 소각장이 따로 있는 경우가 많았고, 도시 밖에 대규모 쓰레기 처리장이 있는 곳도 많았다.

자신에게 피부병이 생기자 욥은 잿더미 위에 앉았다. 격리된 것이다. 모든 사람이 보고자 했고, 만나고 싶어 했던 욥은 기피 대상이 되었다. 그는 옹기 조각으로 몸을 긁어 댔다. 이것이 피부병 때문에 피부가 가려워 긁은 것인지, 아니면 슬픔을 표현하는 일종의 자해 행동인지는 확정할 수 없다. 물론 둘 다일 수도 있다.

자식과 재산을 모두 잃고 몸에 병까지 들었을 때 그의 아내가 등장한다. 고대 지중해 세계의 문헌에서 '지혜'는 여성명사인 경우가 대부분이고, 여성이 지혜자로 등장해 고통을 겪는 남성 주인공에게 필요한 조언을 해주는 역할을 담당하는 이야기가 여럿 있다. 이것을 아는 독자들은 욥의 아내가 어떤 조언을 할지 궁금해진다.《욥기》는 그들의 대화를 이렇게 기록한다.(2:8-10)

⁸ 그래서 욥은 잿더미에 앉아서, 옹기 조각을 가지고 자기 몸을 긁고 있었다. ⁹ 그러자 아내가 그에게 말하였다. "이래도 당신은 여전히 신실함을 지킬 겁니까? 차라리 하느님을 저주하고서 죽는 것이 낫겠습니다." ¹⁰ 그러나 욥은 그에게 이렇게 대답하였다. "당신까지도 어리석은 여자들처럼 말하는구려. 우리가 누리는 복도 하느님께로부터 받았는데, 어찌 재앙이라고 해서 못 받는다 하겠소?" 이렇게 하여, 욥은 이 모든 어려움을 당하고서도, 말로 죄를 짓지 않았다.

여기서 욥과 그의 아내 사이에 대립이 일어난다. 이 대립에서 욥은 지혜를 유지하는 인물로, 아내는 '어리석은' 여인으로 평가된다. 어리석다는 것은 도덕적으로 결함이 있다는 뜻으로도 읽을 수 있으니, 욥의 아내는 무지뿐 아니라 도덕적 결함도 가지고 있다. 욥의 아내는 열 명의 자식을 잃었고, 재산과 사회적 지위를 잃었다. 거기다가 남편까지 잃게 생겼다. 그러나 '가죽으로 가죽을'의 시험을 직접 받는 욥은 신을 저주하지 않고, 자신에게 닥친 불행을 죽음으로 마무리하려 하지도 않는다. 여기서 아내는 위로자나 지지자, 지혜로운 조언자가 아니다. 욥의 아내는 지혜로운 조언자가 아니라 남성을 나쁜 길로 빠지게 하는 유혹자의 역할을 수행한 셈이다. 욥은 '아내'와도 갈라서고 만다.

절박한 고통의 상황에서도 자신이 누구인지를 잃어버리지 않으려 애썼던 욥은 가장 가까운 사람의 어리석은 조언에 쉽게 마음을 주지 않는다. 가까운 사람은 간혹 아주 깊이 '나를 가둔다'. '여성'과 '아내'가 '남성'과 '남편'을 가로막는 장애물이라는 뜻이 아니다. '욥의 아내'는 가장 가까운 관계를 표현한다고 보는 편이 더 적절하다. '나'를 잘 알고 있는 사람은 사실 '나'를 잘 알지 못할 수 있다. 욥의 대응은 한결같았다. "우리가 누리는 복도 하느님께로부터 받았는데, 어찌 재앙이라고 해서 못 받는다 하겠소?" 이것은 욥이 "야웨께서 주셨던 것, 야웨께서 도로 가져"가시는 것뿐이라고 했던 이전의 말과 같은 의미다. 그는 견디어 냈다. 이것은 신을 향한 체념적 저항 혹은 비아냥에 불과할까?•

가족 외에 중요한 관계로는 친구를 꼽을 수 있다. 욥과 같은 사람에게 훌륭한 친구가 없을 리 없다. 욥이 당한 재난 소식이 널리 퍼지자 세 친구가 자기 고향에서 각자 욥을 위로하러 방문했다. 《욥기》는 이렇게 기록한다. (2:11-13)

¹¹ 그때에 욥의 친구 세 사람, 곧 데만 사람 엘리바스와 수아 사람 빌닷과 나아마 사람 소발은, 욥이 이 모든 재앙을 만나서 고생한다는 소식을 듣고, 욥을 달래고 위로하려고, 저마다 집을 떠나서 욥에게로 왔다. ¹² 그들이 멀리서

• 비아냥은 오래된 문학 기법이고 당연히 《욥기》에도 쓰인다. 욥의 아내가 '하느님을 저주하고서 죽으라'고 욥에게 말할 때 '저주'로 번역한 히브리어 '바락'은 '찬양하다', '축하하다', '축복하다' 등을 뜻한다. 그러니 직역하면 '차라리 하느님을 찬양하고 죽고 말아요'라고 번역할 수 있다. 신에게 '저주'하라는 말을 직접 할 수 없으니 완곡어법이라고 생각할 수도 있지만, 비아냥으로 읽는 편이 더 나을 듯하다.

욥을 보았으나, 그가 욥인 줄 알지 못하였다. 그들은 한참 뒤에야 그가 바로 욥인 줄을 알고, 슬픔을 못 이겨 소리 내어 울면서 겉옷을 찢고, 또 공중에 티끌을 날려서 머리에 뒤집어썼다. [13] 그들은 밤낮 이레 동안을 욥과 함께 땅바닥에 앉아 있으면서도, 욥이 겪는 고통이 너무도 처참하여, 입을 열어 한마디 말도 할 수 없었다.

그들은 모든 것을 잃고 건강마저 위태한 친구를 위로하기 위해 방문했다. 이 방문은 대가나 보상을 바라지 않는 인간 행동에 가깝다. 욥이 부유하고 건강할 때 그를 방문하는 것은 대가나 보상에 대한 기대라고 주장할 수 있다. 그러나 재산도 없고 가족과도 마찰을 겪으며 전염될 수 있는 피부병을 앓고 있는 친구를 방문해 위로하려 하는 것은 '대가를 바라지 않는 우정'이다. 친구들은 멀리서 욥을 보고 처참한 몰골에 울고, 겉옷을 찢고, 먼지를 날려 머리에 뒤집어썼다. 이것은 죽은 자를 향한 전형적인 애도의 표현인데, 옷을 찢고 머리에 재를 뿌리는 것은 자신도 죽은 자와 같은 처지에 놓였다는 동참의 의미다.

그들은 이레 동안 땅에 앉아 입을 열지 않았다. 이 기간은 통상적인 장례 기간이다. 상을 당한 사람이 먼저 말을 꺼내기 전에 위로의 말도 함부로 하지 않는 게 관례이기도 했지만, 친구들은 욥의 고통을 두고 위로의 말조차 함부로 꺼내지 않았다. 그들은 남이 누리는 복에 대해 시샘하고, 남의 불행에 관해 마음 깊은 곳에서 고소해하는 뒤틀린 마음을 가지고 있지 않았다. 욥의 친구들은 가까운 사람이 고통을 겪을 때 친구로서 무엇을 어떻게 해야 하는지를 알려준다. 그런 친구 덕분에 우리는 고통을 견딘다. 고통이 없어져서 고통의 문제가 해결되는 게 아니라 같이 있어 줌으로써 고통을 덜어낸다.

《욥기》는 1-2장 및 42장 7-17절의 산문과 그 가운데 운문(3장-42장 6절)으로 구성되었다. 욥에 관한 이야기와 노래들은 시대를 거쳐 전승되어 기록과 편집 과정을 거쳐 오늘날의 형태가 되었다. 만약 1-2장까지만 있다면《욥기》의 지혜는 명확히 드러난다. 사람이 복을 누리든, 원인 모를 고통 속에 있든 그 사람은 자신의 온전함을 유지해야 한다는 것이다. 또 주변 사람이 고통을 당할 때 우리는 어떤 태도를 지녀야 하는지도 알려준다. 고통당하는 사람 옆에서 같이 있는 것이다. 그것이 지혜다. 그러나 3장부터 산문은 운문으로 넘어가고, 이때는 글의 장르만큼이나 급격한 변화가 나타난다. 이제까지 말을 아끼던 욥은 마침내 입을 열고 고통의 노래를 부른다. 이 노래는 고통받는 친구 곁으로 와 준 세 친구와의 논쟁을 부른다. 그러나 법정에서 하듯 그는 친구들의 논지를 반박하고, 자기의 삶과 세상을 고발하고 나아가 하느님을 법정으로 불러 세워 시비를 가리자고 요청한다.

제3막,
욥의 논쟁

욥의 질문

고대 세계에서는 이름이 존재와 아주 긴밀하게 연결된다고 생각했기 때문에 주인공의 이름은 이야기를 이해하는 데 중요한 단서가 되는 경우가 있다. '욥'은 '아버지는 어디에 계십니까?'라는 뜻이라고도 하지만, 히브리어로는 '원수'나 '적'을, 아람어로는 '뉘우치는 사람'을 뜻하기도 한다. 이름의 뜻과 그것의 어원에 관한 논의는 그 이름만으로 판가름하기 어렵다. 따라서 주인공의 이름과 책의 내용을 감안해 그 뜻을 새기는 편이 설득력 있다.

《욥기》 4장부터 37장까지 욥은 자신을 위로하러 온 친구들과 긴 논쟁을 벌인다. 이것은 신, 다른 차원에서 자기의 삶과 생명에 대해 '원수'이자 '적'인 욥을 드러낸다. 이 긴 논쟁은 한 가지 주제를 놓고 여러 방면으로 변주하는 형식으로 이루어졌다. 욥은 격정에 차 자신이 당하는 고통에 관해 묻고, 친구들은 그 이유가 욥이 저지른 죄악의 결과라고 주장한다. 욥은 계속 친구들의 주장을 반박하고, 친구들 역시 끈질기게 인과응보를 고집하며 욥에게 자신의 죄를 돌이켜보라고 요구한다.

이레 기간 친구들이 침묵으로 그의 슬픔에 함께하던 시간이 지나자 욥은 이제까지와는 달리 자신의 잉태와 탄생을 저주한다. 1-2장에서 욥이 보여준 '지혜'와는 다른 모습이다. 이것은 생명을 준 신을 향한 간접적인 원망이기도 한데, 그는 자신의 삶을 부정하며 죽음을 예찬한다. 1-2장의 욥과 3-37장까지의 욥 사이에 불일치가 있는 듯하다. 이 모순을 '편집'의 문제로 돌릴 수도 있다. 곧 1-2장과 3-37장이 서로 다르게 전승되어 오다가 하나의 책으로 합쳐졌다는 가정이다. 《욥기》의 서언과 결말이 가운데 운문 부분을 감싸면서 책에 통일성을 주지만, 두 부분이 아주 말끔하게 통합된 느낌을 주지는 않는다.

처음의 욥과 이후의 욥 사이에 차이가 없다는 견해도 있을 수 있다. 이후 욥의 격렬한 어조가 사실 그의 이전 생각과 다를 바 없다는 주장이다. 나는 두 욥 사이에 차이가 없다고 생각하지 않는다. 이 차이는 상실의 고통을 겪은 지혜자 욥과, 상실에 더해 육체의 고통과 관계의 파국으로 고통의 극한을 지나는 지혜자 욥의 차이라고 할 수 있다.

초반부 욥은 말로 죄를 짓지 않는 욥이다. 그 욥은 "주신 분도 주님이시요, 가져가신 분도 주님이시니, 주님의 이름을 찬양할 뿐입니다"와 "우리가 누리는 복도 하느님께로부터 받았는데, 어찌 재앙이라고 해서 못 받는다 하겠소"를 말하는 욥이다. 내용도 어조도 담담하다. 그러나 친구들이 방문한 이후 이레 동안의 '장례 기간'이 끝났을 때 이전에 상실을 겪었던 초기의 지혜자 욥은 '죽었다'. 이전 지혜자 욥이 인생의 고통을 몰랐을 리 없으나 그것은 대부분 '남의 사정'이었다.

그러나 이후 고통의 절정에 놓인 욥은 가까스로 처절한 인생을 버텨가는 사람들과 함께 혹은 그들을 대신해 신에게 격렬하게 항의하듯 묻는 지혜자 욥이 된다. 고통 이후의 욥은 그 이전의 욥이 했던 생각을 이어갈 수 있다. 곧 대가 없이 신을 경외하고 이웃을 사랑하며, 극심한 고통에도 이 운명 자체를 문제 삼지는 않을 것이다. 그러나 그에게는 꼭 묻고 싶은 게 생겼다. 삶이 고통으로 가득한데, 도대체 인생은 왜 있어야만 하는 것인가? 그는 파괴적 고통에 너덜너덜해진 인간 모두를 대표해 이렇게 탄식한다.(7:1-2)

> ¹ 인생이 땅 위에서 산다는 것이, 고된 종살이와 다른 것이 무엇이냐? 그의 평생이 품꾼의 나날과 같지 않으냐? ² 저물기를 몹시 기다리는 종과도 같고, 수고한 삯을 애타게 바라는 품꾼과도 같다.

그는 이미 3장에서 오로지 죽음만을 갈구하는 사람을 대표하기도 했다.(3:20-23)

> ²⁰ 어찌하여 하느님은, 고난당하는 자들을 태어나게 하셔서 빛을 보게 하시고, 이렇게 쓰디쓴 인생을 살아가는 자들에게 생명을 주시는가? ²¹ 이런 사람들은 죽기를 기다려도 죽음이 찾아와 주지 않는다. 그들은 보물을 찾기보다는 죽기를 더 바라다가 ²² 무덤이라도 찾으면 기뻐서 어쩔 줄 모르는데, ²³ 어찌하여 하느님은 길 잃은 사람을 붙잡아 놓으시고, 사방으로 그 길을 막으시는가?

인생이 고된 종살이와 다를 바 없는데, 무덤을 발견하고 기뻐하는 인간인데, 왜 신은 길 잃은 인간을 '붙잡아' 생명을 주어 살게 하는가? 이것이 고통을 겪는 지혜자 욥이 한 질문의 핵심이다. 이 죽음을 구걸하는 것에는 인간 삶의 부조리에 대한 강력한 비판 역시 들어 있다.(3:17-19)

> [17] 그곳은 악한 사람들도 더 이상 소란을 피우지 못하고, 삶에 지친 사람들도 쉴 수 있는 곳인데. [18] 그곳은 갇힌 사람들도 함께 평화를 누리고, 노예를 부리는 감독관의 소리도 들리지 않는 곳인데. [19] 그곳은 낮은 자와 높은 자의 구별이 없고, 종까지도 주인에게서 자유를 얻는 곳인데!

신이 창조하고 생명을 선사한 인간 사회라는 곳은 악당들이 설치고 이에 사람들은 삶에 지친다. 약탈과 전쟁이 일어나고 포로들은 고단한 고통의 삶을 산다. 주인과 그를 대리하는 관리자는 노예를 닦달하며 온갖 욕을 해댄다. 신분, 성별, 빈부 차별이 버젓이 일어나고 계급 사이에 폭력과 착취가 일어난다. 주인의 손아귀에서 그의 도구처럼 함부로 '사용'되던 종은 죽음에 이르러서야 그 굴레를 벗는다. 욥의 이런 말들은 인간 세상의 어두운 면을 고발한다. 이것들을 보고 있노라면 우리는 탄식한다. '도대체 이런 세상을 만든 창조주, 그리고 이런 곳에서 살라고 생명을 준 신은 제대로 된 것인가?' 그래서 욥은 이렇게 말한다. "묘지의 돌만 보여도 반갑고 무덤이라도 만나면 기뻐 소리친다!"(3:22) 욥은 고통당하는 모든 이들을 대표해 신에게 묻는 셈이다. 이 세상이 잘못되었고, 부조리한 삶은 죽음을 바랄 뿐이다. 이른바 반출생주의(antinatalism)의 원형이다.

2019년 2월 인도 뭄바이에 사는 27세의 기업인 라파엘 새뮤얼은 동의 없이 자신을 낳은 부모를 고소할 계획을 밝혔다. 새뮤얼은 가난하지도, 크게 고통을 겪지도 않은 인물인 듯하다. 재미있는 것은 그의 부모 모두 변호사이며, 부모와 자식 사이도 원만했다. 새뮤얼이 말하고자 하는 바를 기사는 이렇게 요약한다. "인류라는 건 의미가 없습니다. 너무 많은 사람들이 고통받고 있어요. 인류가 멸종하면 지구와 동물들은 더 행복해질 겁니다. 분명 훨씬 더 나을 거예요. 그리고 인간도 더는 고통받지 않겠죠. 인간의 존재는 완전히 무의미합니다."•

새뮤얼의 경우는 '지적인' 차원의 문제 제기이지만 영

화 〈가버나움〉의 주인공 자인의 사례는 다르다. 주인공 소년 자인은 '나를 세상에 태어나게' 한 부모를 고소한다. 그는 돌봄을 받지 못한 채 처절한 생존 투쟁으로 내몰린다. 출생 신고조차 되어 있지 않아 법적으로 세상에 존재하지도 않는 처지이지만, 여리고 빈약한 그와 그 주변 인물을 탐내는 시선은 곳곳에 있다. 자인의 대사는 오래전 소포클레스가 쓴 글과 공명한다. "태어나지 않는 것이 가장 좋다. 그러나 태어날 수밖에 없다면, 그다음으로 좋은 것은 우리가 나왔던 곳으로 재빨리 돌아가는 것이다."●●

〈가버나움〉의 자인이 그랬듯 욥 역시 창조주 하느님을 법정에 세우고 싶어 한다. 그러나 전능자를 힘으로 이길 방법은 없고, 아예 그를 법정으로 소환할 수조차 없다. 욥이 죄가 없어도 그는 죄인으로 판결 날 것이다.(9:19-20)

[19] 강한 쪽이 그분이신데, 힘으로 겨룬다고 한들 어떻게

● 관련해서는 다음 기사를 보라. https://www.bbc.com/korean/international-47167058
●● 데이비드 베너타, 이한 옮김, 《태어나지 않는 것이 낫다》, 서광사, 2019, 41에서 재인용.

이기겠으며, 재판에 붙인다고 한들 누가 그분을 재판정으로 불러올 수 있겠느냐? [20] 비록 내가 옳다고 하더라도, 그분께서 내 입을 시켜서 나를 정죄하실 것이며, 비록 내가 흠이 없다고 하더라도, 그분께서 나를 틀렸다고 하실 것이다.

욥은 전능자 앞에 굴복할 수밖에 없는 자신의 처지에 더욱 무력감과 비참함을 토로한다.

세 친구들의 주장

멀리서 욥을 찾아와 이레 동안 욥과 같이 지낸 엘리바스는 조심스럽게 욥에게 말을 건네기 시작하지만 이내 욥의 무죄 주장을 꾸짖는다. 인간은 신 앞에서 올바를 수 없다는 것이다. 욥의 고통에는 분명한 이유가 있다. 바로 그가 신에게 죄를 지었기 때문이다.(4:7-9)

[7] 잘 생각해 보아라. 죄 없는 사람이 망한 일이 있더냐? 징직한 사람이 멸망한 일이 있더냐? [8] 내가 본 대로는, 악을 갈아 재난을 뿌리는 자는 그대로 거두더라. [9] 모두 하

느님의 입김에 쓸려 가고, 그의 콧김에 날려 갈 것들이다.

욥의 고통은 그가 지은 죄의 업보, 곧 인과응보라는 게 엘리바스의 주장이다. 그는 신은 도덕 법칙에 어긋나지 않게 세상을 운영하고, 고통받을 때 해야 할 일은 신의 자비에 호소하는 것뿐이며, 나아가 "하느님께 징계를 받는 사람은, 그래도 복된 사람이다. 그러니 전능하신 분의 훈계를 거절"(5:17)하지 말아야 한다고 말한다. 친구 빌닷 역시 인과응보를 주장하며 욥을 훈계한다. 세 번째 친구 소발 역시 마찬가지다. 그 역시 인과응보를 말하며 신이 준 운명 앞에 굴복하라고 욥에게 말한다.(11:7-10)

⁷ 네가 하느님의 깊은 뜻을 다 알아낼 수 있느냐? 전능하신 분의 무한하심을 다 측량할 수 있느냐? ⁸ 하늘보다 높으니 네가 어찌 미칠 수 있으며, 스올보다 깊으니 네가 어찌 알 수 있겠느냐? ⁹ 그 길이는 땅끝까지의 길이보다 길고, 그 넓이는 바다보다 넓다. ¹⁰ 하느님이 두루 지나다니시며, 죄인마다 쇠고랑을 채우고 재판을 여시면, 누가 감히 막을 수 있겠느냐?

그러나 세 친구의 인과응보 주장이나 욥에게 죄가 있다는 주장은 틀렸다. 우리는 서언을 통해 이미 그것을 알고 있고, 이후에 등장하는 신 역시 욥이 옳고 세 친구가 틀렸다고 선언한다. 세 친구는 고통에 있는 친구를 괴롭혔고 신에 대해 잘못된 말을 했기에 그들의 피해자인 욥에게 용서를 구해야 하고, 또 그에게 청해 직접 번제를 통해 신의 용서도 빌어야 했다.(42:7-9)

욥과 세 친구의 논쟁에 대한 신의 판결은 인과응보가 세상의 질서가 아니라는 욥의 승리였다. 그러나 해결된 문제는 없고 고통은 도리어 심화되었다. 육신의 고통에 더해 창조 전 '혼돈'이 주는 고통이 가중되었다. 《잠언》이 긍정적이고 의미 있는 세계를 말할 수 있었던 것은, 이 세계가 지혜로 창조되어 질서적이고 열매를 맺을 수 있다는 전제 덕분이었다. 그러나 《욥기》의 세계에서는 마치 신이 없는 듯 혼돈 괴물이 여기저기를 휘젓고 다녔다. 이때 옆에서 힘을 합해야 하는 절친한 친구들도 무죄한 욥, 경건한 욥에게 죄를 실토하라고 추궁해 댔다. 이미 그의 아내는 하느님을 저주하고 차라리 죽음을 택하라고 하지 않았는가. 이런 '혼돈 괴물' 자체인 세계, 창조의 신이 없는 듯한 세계가 자신

앞에 나타났지만 욥은 지혜자로 남기로 한다.(27:3-6)

> ³ 내게 호흡이 남아 있는 동안은, 하느님이 내 코에 불어 넣으신 숨결이 내 코에 남아 있는 한, ⁴ 내가 입술로 결코 악한 말을 하지 않으며, 내가 혀로 거짓말을 하지 않겠다. ⁵ 나는 결코 너희가 옳다고 말할 수 없다. 나는 죽기까지 내 결백을 주장하겠다. ⁶ 내가 의롭다고 주장하면서 끝까지 굽히지 않아도, 내 평생 양심에 꺼림칙한 날은 없을 것이다.

욥은 보상 없이도, 선이 열매를 거두리라는 희망 없이도, 전능자가 자신을 부당하게 대한다고 알면서도, 재산과 자식을 잃고 아내와 친구들과 맞서면서도 자신의 떳떳함을 유지한다. 이것이 욥의 지혜다. 압도하는 고통의 아가리에 몸과 맘이 찢길 때 거기에 맞서는 욥의 지혜는 끝까지 자신의 존엄과 떳떳함을 지키는 것이다! 그것이 지혜, 곧 삶의 기술이다. 이 지혜는 반출생주의적 항변에 뭐라고 말할 수 있을까? 이미 욥은 태어나지 않는 게 더 나을 수도 있다는 말을 했으니 다른 무엇이 더 필요하다.•

오늘의 지혜
인지심리학에서 본 욥과 세 친구

심리학자 앨버트 엘리스(Albert Ellis)는 합리정서행동치료를 개발했다. 그의 전망을 대략 다음과 같이 말할 수 있다. 삶의 고통과 역경은 누구에게나 있다. 그것은 사실인데, 그 역경을 어떻게 해석하느냐가 매우 중요하다. 어떤 이들은 합리적으로 상황을 해석하고, 다른 이들은 그렇지 못하다. 현상과 사태에 대한 다른 해석은 당연히 다른 결과를 낳는다. 삶의 활력을 유지하게 돕는 해석은 사람을 다시 일으켜 세울 것이고, 고난에 부정적인 해석을 하고 이를 통해 부정적 감정이 더해지면 그는 가중되는 고통을 겪을 것이다.

부정적인 해석은 몇 가지 상황에서 비롯될 가능성이 크다. 가령 '당위성'이나 특정 신념을 고집하는 경우다. 가령 '나는 반드시 성공해야 하고, 주위 사람들은 나를 잘 대해 주어야 하며, 내가 처한 환경은 내게 우호적이어야 한다. 내가 노력하면 일정한 열매를 거두어야 한다' 등이다. 그러나 현실에서 이런 당위나 신념이 언제나 당연한 것은 아니다. 유연하지 않은 사고 속에서 당위나 신념이 성취되지 않을 때 그는 불안, 우울, 절망, 무가치함, 분노, 복수심, 좌절, 자기 연민 등을 느끼게 된다. 고통이 닥친 외적 조건에 대응할 내적 동력을 상실하게 되는 셈이다.

그렇다면 우리는 상황을 해석하는 신념과 당위성을 비판적으로 검토하고, 만약 우리 해석 체계에 고통을 가중하는 오류가 있다면 그것을 논박해 수정해야 한다. 이런 전망에서 《욥기》를 해석할 수 있다. 세 친구는 인과응보라는 도덕적 질서의 신념을 철저히 관철하려 하고, 그것을 신의 법칙이라고 주장한다. 그러나 그 결과, 그들은 의로운 친구 욥을 비난하고 괴롭히게 되었다. 또 자신들도 신의 질타를 받았다. 《욥기》의 신은 인과응보에 매인 존재가 아니었다. 욥 역시 인과응보의 신념 체계에 매이지 않았다. 욥의 질문은 의인에게 왜 고난이 있느냐라기보다 인간의 삶에 극심한 고통이 허락되는 이유였다. 고난이 삶보다 죽음을 더 원하게 한다면 이 삶이란, 이 고통이란 도대체 무엇이고 신은 누구인가라는 질문이다.

폭풍 속의 신

신이 나타난다. 욥이 재판정으로 불러내고 싶다던 신은 폭풍이 몰아치는 가운데 완전한 창조주의 영광으로 욥에게 말한다.(38:2-4) 욥은 신의 '대답'을 원했을 것이다. 그러나 신은 욥을 꾸짖고는 대답 대신 '질문'한다.

> ² 네가 누구이기에 무지하고 헛된 말로 내 지혜를 의심하느냐? ³ 이제 허리를 동이고 대장부답게 일어서서, 묻는 말에 대답해 보아라. ⁴ 내가 땅의 기초를 놓을 때에, 네가 거기에 있기라도 하였느냐? 네가 그처럼 많이 알면, 내 물음에 대답해 보아라.

신은 욥이 결코 대답할 수 없는 창조와 우주에 관해 질문한다. 뒤이어 세상의 위대한 법칙과 운행에 관해 말한다. 신은 책임 있게 세상을 운영하고 있다. "까마귀 떼가 먹

● 세 친구와의 논쟁이 끝난 후 세 친구와 함께 온 젊은 엘리후가 욥에 대해 비판한다.(32-37장) 이전 세 친구의 주장과 같은 점도 있고 다른 점도 있다. 신이 등장하기 전 37장에서 그는 신과 그의 창조물의 위대함을 말하는데, 이것은 이후 38장에서 신의 질문 내용과 이어진다. 그러나 그의 발언 전체가 이후 신의 말과 일치한다든가 욥의 질문에 대한 답이 되는 것은 아니다.

≪

윌리엄 블레이크의 그림 〈욥과 그를 비난하는 세 친구〉다. 블레이크는 온몸에 피부병이 뒤덮인 욥을 묘사했다. 욥은 하늘을 올려다본다. 그는 신을 향해 묻고, 자신의 삶을 저주했지만 위엄을 잃지 않는다. 멀리서 친구를 위로하러 온 세 친구는 자신들의 생각과 완전히 다른 욥의 변론을 듣고 분노하며 두 손을 모두 들어 지탄한다. 그들의 손과 눈은 모두 욥을 향하지만 욥은 그들이 아니라 하늘을 본다. 욥은 그들과 씨름하고 싶지 않은 듯하다. 그는 신과 그가 운영하는 이 세상을 향해 묻고, 신의 대답을 듣고 싶을 뿐이다. 왼편의 아내는 주저앉아 욥에게 하느님을 '저주'하고 죽으라고 말을 건네는 듯하다.

이가 없어서 헤맬 때에, 그 새끼들이 나에게 먹이를 달라고 조를 때에, 그 까마귀 떼에게 먹이를 마련하여 주는 이가 누구냐?"(38:41) 또 신은 혼돈 괴물 이외에도 여러 자연 세계의 아름다움과 장엄함, 그리고 운명에 관해 말한다. 신은 욥에게 질문했고, 자연 세계에 관해 말한다. 욥의 질문, 자신이 이렇게까지 고통받는 이유가 무엇인가에 대해서는 단 한마디 언급도 없다. 신은 다시 질문하고, 욥은 대답한다.(40:2-5)

> ² 전능한 하느님과 다투는 욥아, 네가 나를 꾸짖을 셈이냐? 네가 나를 비난하니, 어디, 나에게 대답해 보아라. ³ 그때에 욥이 주님께 대답하였다. ⁴ 저는 비천한 사람입니다. 제가 무엇이라고 감히 주님께 대답할 수 있겠습니까? 다만 손으로 입을 막을 뿐입니다. ⁵ 이미 말을 너무 많이 했습니다. 더 할 말이 없습니다.

이 대화가 의미하는 바는 무엇일까? 한 학자에 따르면, 이 대화가 의미하는 바는 신은 인간이 다 헤아릴 수 없는 우주와 세상의 운행을 책임지고 운행하며, "욥의 운명을 중요시하기에는 하느님은 너무 많은 일들을" 한다는 것이다. "욥이나 인간 일반은 그가 생각한 것처럼 대단하지" 않고, 욥은 바로 그 요점을 잘 알고서는 "저는 비천한 사람"이라고 답했다는 것이다.• 신의 말 중에 나오는 우주와 바다의 높고 깊은 곳을 하나씩 떠올리면 인간과 그 역사가 그리 결정적이 아니라는 생각도 든다. 누구의 말대로 인간은 우주의 먼지이며 그 문명과 문화라고 해봐야 우주적 차원에서 보면 '있다'고 할 만하지 않을 수 있다.

《욥기》의 마지막에 등장하는 신의 말을 들어서는 욥의 질문에 대한 답을 얻을 수 없다. 인간이 왜 그토록 극심한 고통을 당해야 하는지, 태어나지 않는 게 태어난 것보다 더 낫다고 여길 정도로 고난의 삶을 살아갈 이유가 무엇인지, 왜 의롭게 살아가는 자신에게 이처럼 가혹한 고통이 닥치는지, 이것이 정당한지 아닌지 등등 욥의 많은 질문에 신은 직접적인 답을 주지 않는다. 신은 자신이 우주와 만물을 창조하고 운영하며 인간은 그것과 관련해 지혜를 주장할 수 없다는 것이다. 욥은 신의 창조와 운영에 이러쿵저러쿵 판

● 존 콜린스, 유연희 옮김,《히브리 성서 개론》, 한국기독교연구소, 399.

단을 내릴 만한 어떤 자격도 없다는 뜻이다. 신은 악의 상징으로 여길 수 있는 엄청난 혼돈 괴물인 육지의 베헤못이나 바다의 리워야단 등을 잘 다스리고 있다. 이것은 욥이 감히 통제하지 못할 존재들이다.

이것은 정의에 관련된 물음을 힘으로 찍어 누른 것일까? 나는 그렇게 생각하지 않는다. 오고 가는 대화가 아니라 하나의 사실이 욥에게 진정한 대답이었다. 곧 신이 욥에게 나타났다! 인간이 이해할 수 없고 고통은 극심하더라도 신, 곧 세상을 창조하고 섭리한 압도적인 존재가 있고, 그 존재가 친히 욥에게 나타났다! 욥의 고통은 여전하나 그는 대단한 위로를 받았다. 그가 불의한 행동으로 심판을 받는 게 아니라는 점과 신에 대한 자기의 생각, 곧 신은 인과응보에 매이지 않는다는 점이 확인된 것이다.

나아가 그 앞에 신이 나타나 그에게 말을 걸었다. 우주와 하늘과 바다와 엄청난 생명체와 미세한 물질을 모두 다스리는 그 신이 말이다! 아무리 대단한 인물이라도 신을 마주할 기회는 거의 없다. 신에 대해서는 오직 귀로만 들어왔던 사람들이 대부분이며 자신도 그랬으나 이제는 '눈으로' 신을 본다. 이를 보다 잘 이해하기 위해서는 박완서의

《한 말씀만 하소서》(세계사, 2004)를 참고할 수 있다. 자식을 잃은 참척의 고통 속에 저자는 신에게 간절하게 요청한다. 어떤 말이든 좋으니 '한 말씀만 하소서.' 저자는 어떤 말이라도 그 말로 자식을 잃은 어미의 고통을 달랠 수 있다고 생각한다. 그러나 그 '한 말씀'을 끝내 들리지 않는다. 이에 비하면 욥은 큰 복을 누린 셈이다. 적어도 신이 그에게 나타났으니 말이다.

신이 욥 앞에 나타난 후 한 마지막 말(42:6)의 번역을 두고 논쟁이 있다. 대부분은 새번역과 같이 "그러므로 저는 제 주장을 거두어들이고, 티끌과 잿더미 위에 앉아서 회개합니다"로 번역한다. 그러나 송민원은 '거두어들이다'로 번역된 히브리어 '마아스'가 거부, 경멸, 멸시를 뜻한다는 점과 '회개'로 번역된 히브리어 '나함'이 회개, 한탄, 후회 등과 함께 위로로도 번역된다는 사실을 언급한다. 더 주목할 점은 《욥기》에서 '나함'은 모두 '위로'의 의미로만 쓰였다는 것이다.(2:11, 7:13, 16:2, 21:34, 29:25, 42:11) 하여 그는 "이렇게 저는 멸시를 받아왔습니다만 먼지와 재 위에서 위로를 얻습니다"의 번역을 제안한다.•

나도 '회개' 대신 '위로'가 신을 직접 본 욥 이야기에 더 적합하다고 여긴다. 욥은 고통으로 점철된 듯한 삶의 이유를 묻는다. 이에 대한 답은 전능하고 책임적으로 우주를 운영하는 신의 현현이었다. 고통이 가득해도, 이해할 수 없어도 인간은 살아가야 한다. 죽음과 재난을 뜻하는 티끌과 잿더미 위에서도 떳떳함과 정의와 경외를 깃발처럼 높이 세운 채로 말이다. 욥은 그렇게 답을 얻었다.

욥이 얻은 이 대답은 이후 사람들에게 굳이 신의 현현이 없다 하더라도 유효하다. 욥의 경우와는 달리 신은 '나'에게 나타나지 않을 수도 있다. 그러나 우주를 창조하고, 역사를 주관하는 신은 동시에 욥을 주시하고 있었고, 그를 자랑스러워했고, 그가 당할 시련의 범위를 조절했으며, 마침내 자신을 법정으로 불러낸 건방진 욥에게 나타난 신이다. 그러니 인간이 할 일은 티끌과 잿더미 위에서라도 자신의 고귀함을 지키는 것이다.

● 송민원, 《지혜란 무엇인가: 잠언-욥기-전도서의 상호작용》, 감은사, 2021, 174.

《욥기》의
결말

욥과 친구들의 관계는 회복된다. 신은 엘리바스에게 그 자신과 두 친구가 지은 죄를 욥의 제사를 통해 용서받으라고 명한다. 친구들은 욥에게 용서를 구하고, 이후 신에게도 용서의 제사를 지내야 한다. 신은 욥의 재산을 두 배나 회복시켜 주었다. 그러자 그의 일가친척과 친지가 모두 방문해 잔치를 벌이며 다시 깊이 사귀게 되었다. 욥은 오래 살았다. 이는 직접적인 언급은 없어도 그의 피부병이 회복되었다는 것을 알려준다. 새로운 부인을 들였는지 아닌지는 알 수 없으나 새로 아들 일곱과 딸 셋을 낳았다. 《욥기》는 세 딸을 따로 언급하며 그 딸이 매우 아름다웠고, 아들과 딸에게 똑같은 재산을 물려주었다고 말한다.

　욥은 '그 뒤에' 140년을 더 살았고, 손자를 4대까지 보았으며, 수명이 다해 세상을 떠났다. 잃었던 재산이 두 배

≪

앞에 소개한 윌리엄 블레이크의 그림과 이 그림을 비교하면 재미있는 부분이 있다. 첫 그림에서 나무에 걸려 있던 악기들이 이 그림에서는 모두 욥 가족의 손에 들려 있다. 가족 찬양의 장면이다. 첫 그림에서 자녀들은 무릎을 꿇고 손을 모았고, 욥 부부는 무릎에 성경을 두었다. 이 그림에서 욥 가족은 모두 서서 하늘을 올려다보며 찬양한다. 첫 그림은 왼편의 해가, 오른편에 달과 별이 있었는데 이 그림은 왼편에 달과 별이, 오른편에는 태양이 새롭게 떠오른다. 처음 그림이 안온하고 풍요롭고 잔잔한 가족 그림이라면, 이 그림은 역동적이고 희망을 찬양하는 가족 그림 같다.

로 많아지면 더 기쁠 수 있지만 잃어버린 자식의 수가 다시 채워졌다고 해서, 새로 태어난 자식이 더 아름답다고 해서 이전의 슬픔이 다 가시는 것은 아니리라. 그러나 욥은 이에 대해 더 묻지 않는다. 신은 사탄에게 그 자녀들의 목숨을 허락했으니 그 자녀들은 신의 책임 아래 있을 것이다.

신을 믿는 사람들은 《욥기》의 길을 따르더라도 반출생주의자들은 '신의 절대 주권'과 그의 책임성을 운운하며 삶의 고통을 '신비'의 영역으로 퉁치려는 《욥기》가 아무것도 설명하지 않았다고 주장할 것이다. 그러나 그들에게도 '태어나버린' 자기 삶을 망치거나 다른 존재를 가학하는 길을 가는 것보다 티끌과 잿더미 위에서도 삶의 문제를 진지하게 질문하며 떳떳함과 존엄을 굳게 유지했던 욥의 지혜가 더 매력적으로 들릴 것이다. 삶의 고통이 폭풍처럼 몰아칠 때 욥의 지혜 외에 더 좋은 길이 있는가? 극심한 고통 가운데서도 인간의 고귀함을 유지하려는 그를 따르는 지혜는 힘들고 드물다. "그러나 모든 고귀한 것은 힘들 뿐만 아니라 드물다(Sed omnia praeclara tam difficilia, quam rara sunt)."(스피노자,《윤리학(ETHICA)》, V, 42)

덧없는 삶을 즐기는 지혜, 《전도서》

4

코헬렛

《잠언》은 혼돈에 맞서 질서 있는 삶을 사는 지혜를 말한다. 이것은 삶의 의미와 관련이 있다.《욥기》는 압도하는 고통 속에서도 위엄을 잃지 않는 삶의 지혜를 가르친다. 이것은 삶의 품격과 연결된다.《전도서》는 헤벨의 조건 속에서 삶을 꾸려갈 지혜를 알려준다. 덧없는 삶을 향유하는 것이다.

우리말로《전도서》라고 불리는 이 책의 저자는 히브리어로 '코헬렛(קהלת)'이다. 직역하면 '모으다', '부르다' 등을 뜻하는데, 맥락을 살피면 '사람들을 불러 모은 곳에서 수집한 지혜를 말하는 사람'을 가리킨다고 볼 수 있다. 히브리어로 이 책의 제목 역시 '코헬렛'인데, 나는 이 책의 저자 혹은 편집자를 코헬렛으로, 책 전체를 가리킬 때는《전도서》로 구분해 부를 것이다.

이 책이 언제 기록되었는지는 모른다.《전도서》는 다

윗의 아들이 이 책의 저자라고 밝히고 있다. '다윗의 아들'이고 지혜에 관련한 글을 썼다면 당시 사람들은 곧바로 책의 저자로 '솔로몬'을 떠올렸을 것이다. 그러나 《전도서》를 솔로몬이 썼다고 생각하는 학자는 거의 없다. 고대 지중해 세계에서는 책의 저자를 그 분야에 유명한 고대 사람으로 돌리는 사례가 종종 있었다. 솔로몬은 지혜로 유명했고 《전도서》의 저자로 그를 암시하면 책의 권위를 더 높게 평가받았을 것이다.

《전도서》는 대략 기원전 3-5세기 예루살렘에 근거를 두고 지혜 문구를 편집해 저술한 사람의 작품일 것이다. 저자와 연대와 장소가 밝혀지면 본문을 이해하는 또렷한 배경이 생기는 것은 분명하지만 지혜문학의 특성상 특정한 시대와 장소가 아니어도 독자들은 나름의 이로움을 얻을 수 있다. 이 책은 《욥기》처럼 특정한 주제를 전개해 나가기보다 《잠언》처럼 경구들을 모아 놓았다. 따라서 책은 특정한 흐름을 형성하지 않고 주제별로 구분되어 있다.

《전도서》는 인과응보나 권선징악처럼 이른바 '전통적' 지혜가 세상과 인생을 적절하게 설명해 주지 않는다고 주장한다. 지혜가 자연에 적용되면 우발적으로 보이는 자연

현상의 배후 질서를 파악하는 게 되고, 인간과 역사에 적용되면 신이 세상을 운영하는 질서를 간파하는 게 된다. 곧 이 둘을 통해 신의 뜻을 아는 것이다. 그런데 《전도서》는 전통적 지혜가 옳지 않다고 주장한다. 좀 더 정확하게 말하면, 코헬렛은 인간의 기준에 따른 도덕적 질서와 그에 따른 행동이 신이 품고 있는 생각과 같지 않다는 것을 강조해 독자들에게 알린다.● 그에 따르면 "하느님은 하늘에, 그대는 땅 위에 있다".(5:1)●● 인간은 결코 신이 품은 뜻의 전모를 알 수 없고, 인간의 눈에 어처구니없어 보이는 일이 비일비재하게 일어날 것이다. 《전도서》는 이것을 깨우치고 이에 맞게 살아가는 지혜를 말한다.

사실 이런 가르침은 새로울 것도 없고, 깊은 통찰의 결과가 아닐 수도 있다. '열 길 물속은 알아도 한 길 사람 속

● 양자역학은 인간 사회뿐만 아니라 자연 세계를 인식하는 인간의 한계가 명확하고, 그 인식은 확률적일 수밖에 없음을 알려준다. 확률적 이해를 받아들이기 어려웠던 아인슈타인이 '주사위 놀이'를 하는 신을 도무지 '이해'할 수 없다고 하자 이른바 코펜하겐 해석의 주창자인 한 학자가 "이해한다는 것은 무엇입니까?"라고 되물었다. 자연은 '그러하다'. 그러나 그것에 대한 인간의 이해, 곧 인간의 사고가 그에 대응하지 않는다고 해서 '자연의 그러함'이 문제가 되는 것은 아니다.

●● 여기에 쓰인 《전도서》의 번역은 《잠언》의 번역자이기도 한 이환진 교수의 것이다.

은 모른다'라는 격언이 있다. 인간의 복잡다단한 속내도 제대로 알 수 없다면, 창조자인 신의 뜻을 명확하게 알 수 있다는 생각은 아예 접어두는 편이 낫다. 세상이 신의 뜻 아래에 있다 해도 신의 의도를 알 길이 없고, 기존에 인과응보나 권선징악을 통해 삶을 꾸려가는 게 '좋은 삶'을 보장해 주지도 않는다. 이렇게 '전통적' 지혜에 반대하는 지혜를 '전복적' 지혜 혹은 '회의적' 지혜라고 부를 수 있다.

《전도서》의 이런 전복적 혹은 회의적 지혜의 성격 때문에 이 책을 편집한 사람은 전통적인 지혜에 굳게 서 있는 사람들에게 배척받았을 가능성이 크다. 역사적으로 《전도서》는 구약성서 안에 포함될 자격이 있는지를 두고 논란이 있었다. 추측하기로는 주류 지혜자들은 《전도서》를 그대로 수용하기보다 12장 9-11절과 12-14절의 두 부록 외에도 '전통적' 지혜를 《전도서》 곳곳에 심어놓은 듯하다.● 이런 편집 과정 때문에 《전도서》 내에는 상호 충돌하는 구절이 있다. 편집을 통한 이런 수정은 11장 9절이 잘 보여

● 2:26; 7:18b, 26b; 8:5-12b; 11:9b; 12:7b 등이 전통적 지혜 편집자들의 손길이 닿은 곳으로 보인다.

준다. "젊을 때 젊음을 누리라. 젊은 나날을 마음껏 누리라. 마음을 따라가라. 눈에 보이는 대로 따르라"(11:9)라는 대목이다.

이것은 쿨한 할머니가 젊음의 절정기를 보내는 손녀에게 '더 짧은 치마를 입고 나가라'고 말하는 것과 같은 느낌이다. 그런데 이런 '방탕한 교훈'은 "다만 그 모두 옳고 그름을 하느님은 판단하시리라는 것, 반드시 알라"(11:9)로 한정된다. 누군가는 이 둘을 조화시키려 하겠지만, 이후 구절의 무게가 앞 구절의 발랄한 교훈을 짓누르는 것은 사실이다. 상황이 이러해도 마침내《전도서》가 정경 안에 들어간 것은 그 책이 가진 힘 때문이라고 할 수 있다. 편집을 통해 일정하게《전도서》가 가진 전복적 성격을 상쇄하고, 이후에 그것이 주는 '지혜'를 정경 안에 둔 셈이다.

《전도서》는 주제에 따라 다음과 같이 파악할 수 있다.

1. 들어가는 말(1:11)

2. 짧고, 덧없고, 어처구니없는 인간의 삶(1:2; 12:8)
    1) 영원과 인간의 짧은 삶(1:3-11; 12:1-7)

2) 가치 추구와 그 덧없음(1:12-2:13; 4:4-8, 13-16; 5:8-17; 6:7-12; 7:23-29; 8:16-17)

   3) 가치 전복과 어이없는 일들(7:1-6; 9:11-18; 10:1-9)

3. 인간의 무력함

   1) 메멘토 모리(2:14-23; 3:18-22; 6:1-6; 9:1-6)

   2) 알맞은 때의 변경 불가능성(3:1-11, 14-17)

   3) 불의한 사회와 개선 불가능성(4:1-3; 7:13-20; 8:9-14)

4. 코헬렛의 권면

   1) 신이 주는 선물을 즐기는 삶(2:24-26; 3:12-13; 5:18-20; 8:15; 9:7-10; 11:8-10)

   2) 온기를 나눌 친구(4:9-12)

   3) 전통적 지혜들 (5:1-7; 7:7-12, 21-22; 8:1-8; 10:1-4, 10-20; 11:1-7; 12:1-7)

5. 첨언

   1) 첨언 1(12:9-11)

   2) 첨언 2(12:12-14)

위의 구조를 통해 《전도서》가 전하는 내용을 개괄할 수 있다. 코헬렛은 짧고, 덧없고, 어처구니없는 인간 삶의 조건을 통찰하고, 불가피한 죽음과 변경할 수 없는 운명, 그리고 불의한 사회를 성찰한다. 이에 그는 인간에게 허락된 것을 살피는데, 먼저 신이 허락한 것들을 제시하고 그것들을 향유하라고 말한다. 또 서로를 위로할 관계를 맺으라고 충고한다. 마지막으로 편집해 넣은 것 같은 전통적 지혜를 통해 언행을 어떻게 해야 하는지 말하고, 지혜를 소중히 여기라고 권고한다. '짧고, 덧없고, 어처구니없는 삶의 조건'을 코헬렛은 '헤벨'이라는 히브리어로 요약한다. 그 의미를 풀이하는 것으로 다음 장을 시작한다.

헤벨

데이비드 베일리(David Bailly)는 최초의 자본주의 국가로 알려진 네덜란드의 황금기인 바로크 시대에 활동하던 화가다. 그는 주로 초상화와 정물화를 그렸는데, 특히 '바니타스(vanitas)'라는 특정한 장르를 그렸다. 당시 네덜란드에서 바니타스와 '온트베이트(Ontbijt)'에는 중요한 의미가 담겨 있었다. 온트베이트는 네덜란드어로 '아침 식사'를 뜻하는데, 아침 식사 테이블의 음식과 식기를 그린 정물화다. 빵, 치즈, 과일, 잔, 접시, 나이프 등이 주로 그림의 소재다. 오늘날 우리에게는 별것 아닐 수 있지만 그 당시 잘 차려진 아침 식사는 일상의 풍요로움과 아름다움을 알리는 것이었다. 온트베이트 정물화에는 정돈된 삶의 기쁨이 드러난다. 반면 바니타스는 삶의 덧없음을 성찰하는 그림이다.

베일리의 그림에는 전형적인 바니타스의 상징물이 등

장한다.• 금빛의 촛대가 화면 가운데 놓여 있다. 그러나 초의 불은 꺼져 연기만 날린다. 연기를 좇아 시선을 옮기면 비눗방울이 있다. 눈에 띄는 세 개의 비눗방울은 보기엔 예쁘지만 조금이라도 외부 충격이 가해지면 톡 하고 터지고 만다. 촛대 아래 금화와 은화, 그리고 쓰러진 향수병이 있다. 다행히 마개가 잘 닫혀 향수는 흐르지 않는다. 주위에는 진주 목걸이가 있다. 촛대 오른편에는 와인이 담긴 술잔이 있다. 피리와 같은 악기, 그리고 위쪽 왼편 벽에 걸린 그림의 인물도 현악기를 연주한다. 세월을 얼마든지 견딜 것 같은 오른편의 조각상은 아름답지만 이내 시들어 버리는 꽃과 함께 있다. 테이블 위에 놓인 꺾인 꽃의 화려함은 하루나 이틀 정도 갈 뿐이다.

오른편의 책은 지식을 상징하고, 모래시계는 한정된 시간을 뜻한다. 이 그림은 베일리의 자화상인데 화면에서 가장 큰 왼편 인물은 젊었을 때의 베일리다. 지금 베일리는 젊은 베일리가 들고 있는 작은 그림 속에 있다. 베일리

• 나는 이 주제를 다룬 적이 있다. 김학철, 《렘브란트, 성서를 그리다》, 대한그리스도교서회, 2010의 〈허무의 계시, 바니타스〉를 보라.

<<<

데이비드 베일리의 〈바니타스 상징과 함께 그린 자화상〉(1651, 목판에 유화, 89.5 × 122cm, 라이덴, 슈테델리크 뮤지움)

는 더 늙어 벽에 걸린 노인이 될 것이다. 노인 아래 여인이 자신의 젊음과 아름다움을 뽐낸다. 그러나 그 여인은 자신이 곧 오른쪽 벽 술잔 뒤에 희미하게 그려진 중년의 여인이 되리라 예상하지 못한다. 그림 오른쪽 아래에는 이 그림이 '바니타스'임을 알려주는 종이가 있다. 이 모든 것은 다 무엇일까? 그림 오른편 위 커튼은 '이 모든 것은 다 연극일 뿐'임을 알려주는 듯도 하다.

화려한 촛대와 꺼져버린 촛불, 시간을 견디는 석상과 아름답지만 이내 시들어 버릴 꽃, 늙는다는 것을 예감하지 못하는 젊은이의 회한, 마개가 열리지 못한 채 쓰러져 버린 향수병, 삶의 헛헛함을 달래는 악기, 지식과 모래시계가 보여주는 시간의 유한성, 이 모든 것을 압축해 보여주는 듯한 공중의 비눗방울, 사실 이 모든 것이 다 헛된 놀음이라는 듯 닫혀 버릴 커튼 등등. 참 재미있다. 온트베이트를 가능하게 한 자본주의의 풍요로움과 정돈된 일상의 아름다움은 왜 사람들에게 바니타스를 그리고 생각하게 하는가.

바니타스는 히브리어 '헤벨(הבל)'의 번역이다. 이것은 우리가 읽을 《전도서》를 이끌어가는 핵심 주제다. 《전도서》는 1장 1절에서 저자를 소개한 후 그의 핵심 주장을 직접적으로 밝힌다. "헛되다 정말 헛되다. 코헬렛이 말한다. 헛되다 정말 헛되다 모든 것이 헛되다."(1:2) '헛되다'로 번역한 히브리어는 '헤벨'이다. 책의 끝부분인 전도서 12장 8절에도 이 단어가 나오는데 '헤벨'이 마치 샌드위치처럼 책 전체를 감싸고 있는 셈이다. 물론 《전도서》 곳곳에도 핵심어 '헤벨'이 나온다.●

'헤벨'은 크게 세 가지로 번역된다. 첫째는 방금 소개한 대로 '헛되다'이다. '헛됨'은 꼽을 만한 보람이나 의미가 없다는 것을 뜻한다. 이런 뜻으로 헤벨을 새기면 인간의 삶을 포함해 세상만사가 특별한 의미나 보람이 없다는 것이다.

둘째, 히브리어 헤벨의 용례를 살피면 그 단어는 '숨'이나 '수증기' 등을 표현한다. 들숨과 날숨, 물이 증발하는 현상을 묘사하기 위해 헤벨이라는 단어를 사용할 수 있다. 있다고 말하는 순간 사라지거나, 있어 보았자 잠시 관찰되는 것이 바로 헤벨이다. 이 뜻을 받아들여 번역하면 '짧고도 짧구나. 모든 것이 있다가 이내 사라지는구나!' 정도가 될

● '헤벨'은 《전도서》의 총 25구절에서 29번 나온다(1:2, 14; 2:1, 11, 15, 17, 19, 21, 23, 26; 3:19; 4:4, 7, 8, 16; 5:9; 6:2, 9, 11; 7:6; 8:10, 14; 11:8, 10; 12:8).

수 있다. 하여 1장 2절을 '코헬렛은 말합니다. 잠깐 있다 사라져 가는 것들입니다. 잠깐 있다 사라지는 이슬 같은 것입니다. 모든 것은 잠시 스쳐 지나가는 안개일 뿐입니다'●라고도 번역할 수 있다.

셋째, '어처구니없다'라고 번역할 수 있다. 부조리해 종잡을 수 없고 허망한 마음이 드는 것이다. 나는 셋을 합쳐 '코헬렛이 말한다. 헛되고 헛되구나. 어처구니없구나. 모든 것이 서둘러 사라진다'라고 번역하기도 했다. 헤벨의 의미를 단어 자체에서만 찾기가 어렵다면 《전도서》 본문 전체를 놓고 그 뜻을 헤아리는 방법이 있다.

《전도서》에 삶의 덧없음, 곧 의미나 보람이 없는 상황을 말하는 본문이 있다.(2:18-23)

¹⁸⁻¹⁹ 아, 정말 싫어. 해 아래에서 내가 애써 모은 것, 이 모든 재산을 뒤따라오는 이에게 넘겨주어야만 하다니. 그가 현자인지 어리석은 자인지 대체 그 누가 알 수 있느냐 말이다. 내가 애써서 일구어 놓은 것을 그가 잘 쓸지 탕진할

● 송민원, 《전도서》, 255.

지 도무지 알 길 없으니. 이 또한 덧없는 일. [20] 하여 해 아래 애써서 일구어 놓은 이 모든 것 난 절망하며 바라본다. [21] 머리를 다 짜내고 온갖 지식과 노력을 다 기울여 애써 일구어 놓았다. 하지만 하나도 애쓰지 않은 이에게 넘겨주어야 하다니 이 또한 덧없는 일, 불의가 아닌가? [22] 무엇 때문에 그토록 애써야 할까? 해 아래에서 그토록 노심초사하여야 할까? [23] 날마다 고통이요 일마다 걱정이라 밤마다 쉬지 못하니. 이 또한 덧없는 일 아닌가?

'죽 쒀서 개 준다'라는 우리 속담이 있다. 여기서 '개'는 자신에게 별달리 중요하지 않은 대상, 심하게는 자신이 하찮게 여기는 대상을 가리킨다. 애써서 어떤 일을 이루었는데 그 성과가 남의 것이 되었을 때, 그래도 그 '남'이 괜찮게 느껴지는 사람이라면 수긍할 만하다. 그러나 그 '남'이 내가 경멸하는 사람, 하찮게 여기는 사람이라면 나의 노력이, 아니 나의 삶 전체가 허튼짓을 한 셈이다. 이런 일은 현실에서 심심찮게 일어난다.

어처구니없는 삶의 부조리를 묘사하는 본문도 있다.(9:11)

¹¹ 나는 해 아래에서 벌어지는 일 가운데 또 이런 것도 알게 되었다. 날쌔다고 달리기에서 꼭 승리한다는 법은 없다. 전사라고 전투에서 꼭 이긴다는 법은 없다. 슬기롭다고 누구나 먹을 밥이 넘치는 것은 아니다. 똑똑하다고 다 부자가 되는 것도 아니다. 배웠다고 다 은총을 입는 것도 아니다. 죽음, 그때는 누구에게나 닥칠 것이니.

10대 때 《전도서》를 읽으면서 '날쌔다고 달리기에서 꼭 승리한다는 법은 없다'라는 구절을 두고 너무나 의아했다. 달리기 시합에서 빠른 사람이 아니면 누가 승리한단 말인가. 달리기 선수와 내가 시합하면 승패는 너무나 뻔하다. 그런데 얼마만큼 더 살고 나니 세상이 '조리(條理)'대로 움직이지 않는다는 게 명확해졌다. 조리와 부조리는 어느 곳에나 있으며, 조리대로 되면 감사한 일이다. 달려가지 않을 수 없어 열심히 달려가고, 애쓰지 않을 수 없어 몸과 맘을 다 소진해 보지만, 그 끝에는 결국 죽음이라는 부조리가 있다. 이 죽음은 "현자도 어리석은 이도 모두"(2:16) 죽고, 둘 다 기억되지도 못한다. 사람만이 죽음으로 향하는 게 아니다. 동물도 마찬가지다.(3:18-21)

¹⁸ 난 인생사 생각한다. 인간은 짐승과 같다. 하느님이 이 사실을 알게 하신다. ¹⁹ 인간의 운명, 짐승의 운명은 똑같은 운명. 짐승이 죽듯 인간도 죽는다. 똑같이 숨 쉬고 있으니. 인간이 짐승보다 나은 건 무엇일까? 없다. 모두 숨일 뿐이다. ²⁰ 모두 같은 곳으로 간다. 모두 흙에서 왔으니 흙으로 돌아간다. ²¹ 사람의 숨이 위로 올라가는지, 짐승의 숨이 땅으로 내려가는지 그 누가 알까?

끝으로 삶의 순간성을 묘사하는 본문도 많다.(1:4-8)

⁴ 한 세대가 간다. 한 세대가 온다. 그러나 대지는 영원히 우뚝 서 있다. ⁵ 해가 뜬다. 해가 진다. 떠오른 곳으로 되돌아간다. ⁶ 바람이 남쪽으로 분다. 북쪽으로 돌이킨다. 바람은 계속해서 돌고 돈다. 이렇게 돌고 돌아 되돌아간다. ⁷ 시냇물은 흐르고 흘러 바다로 간다. 그래도 바다는 가득 차지 않는다. 흐르던 곳으로 시냇물은 다시 되돌아간다. ⁸ 사람이 어찌 모든 것이 다 지쳐 있다고 말할 수 있으랴?• 아무리 보아도 다 볼 수 없고 아무리 들어도 다 들을 수 없다.

4-7절은 자연의 항구적 반복과 무목적성을 말한다. 이 본문은 인간 삶의 헤벨, 곧 짧음과 자연의 무목적이고 영원한 반복 운동을 대조하게 한다. '한 세대가 간다. 한 세대가 온다. 그러나 대지는 영원히 우뚝 서 있다'는 한 세대는 오고 가는데, 그 무대가 되는 '땅'은 그렇지 않다는 것이다. '대지는 영원히 우뚝 서 있다'에서 '영원히'는 히브리어로 '올람(עולם)'의 번역이다. 칠십인역은 '에이스 톤 아이오나(εἰς τὸν αἰῶνα)'로 번역한다. 헤벨과 완전한 반대어다.

현대 과학은 땅이라 일컬어지는 지구 역시 영원하지 않으며 우주적 시간으로 보면 헤벨에 지나지 않는다는 것을 안다. 그러나 그런 땅도 인간에게는 영원할 듯하다. 그러고 보면 인간의 탄생과 소멸은 우주에서 헤벨임이 분명하다. 138억 년의 우주 시간에서 현생 인류인 호모 사피엔스의 출현은 35만 년 전으로 추측하며, 지구의 탄생은 45억 년 전이라고 한다. 지구는 태양이 수명을 다하는 약 50-78억 년 사이에 필연적인 종말을 맞게 된다. 인류는 지구, 태양계, 우주의 역사에 헤벨로 있다. 한 개인은 말할 것

● 이환진의 번역을 다소 수정했다.

도 없다. 한 개인은 시간과 장소에서 있다고 말하는 순간 사라지는 숨 혹은 아지랑이 같다.

땅은 영원히 있고, 그를 무대로 영겁을 맴도는 자연물도 있다고 코헬렛은 말한다. 태양은 뜨고, 지고, 자신이 뜬 곳으로 바삐 간다. 바람도 물도 그렇게 운동한다. 태양은 불과, 땅은 흙과 다를 바 없으니 코헬렛이 말하는 태양, 땅, 바람, 물은 고대 그리스 철학자들의 이른바 4원소설을 떠올리게 한다. 고대 그리스 철학자인 엠페도클레스, 플라톤, 아리스토텔레스 등은 물, 불, 흙, 공기를 만물의 근원으로 생각했다. 코헬렛이 4원소설을 알았는지 몰랐는지는 확실하게 말할 수 없다. 다만 그는 이 궁극의 네 가지 원소가 영원성과 순환성을 띠고 있으며 인간은 그에 비해 헤벨에 불과하다고 둘을 견주고 있다. 영원성과 순환성은 일종의 질서 혹은 규칙을 뜻한다. 이 질서와 규칙에 인간이 끼어들 틈이 없다.

물에 관해 말할 때 그는 다른 곳에는 없는 구절인 '바다는 가득 차지 않는다'를 덧붙인다. 이는 두 가지로 해석할 수 있다. 해 아래에서 인간이 온갖 수고를 해도 그에게 풍요로움이 없듯 자연의 순환도 그러하다는 해석이다. 다른 하나는 창조주의 자연 순환 법칙의 완벽성을 말할 수 있다. 전자로 해석하면 인간과 자연 모두 계속 수고하지만 만족이나 풍요 없이 산다는 뜻이고, 후자로 해석하면 인간은 오고 갈 뿐이며 자연의 법칙을 바꿀 수 없고, 그것은 정확한 운동 법칙 속에서 운영된다는 뜻이다. 나아가 후자는 인간 삶의 헤벨이 창조주의 뜻이며, 그 법칙에서 벗어날 수 있는 인간은 없고, 그 법칙에 따라 살아야 한다고 권면하는 것이다.

물론 이 모든 것을 아무리 다 보고 싶어도 볼 수 없고, 듣고 싶어도 들을 수 없다. 확실한 것은 신이 자연에 부여한 영원성과 순환성을 사람이 변경할 수도, 거기에 뭔가를 덧붙일 수도 없다는 점이다. "하늘 아래 새것 없"다.(전 1:9) '새로운 것이 없다'라고 하면 우리는 인간이 발명한 새 물건을 내세울지 모른다. 그러나 《전도서》는 우리에게 우주적 차원의 이야기를 전한다. 나는 물리학에 관해 들으며 새삼스레 코헬렛의 이 말을 현대 과학과 접목해 보았다. 우주는 기본 힘(강력, 약력, 전자기력, 중력)과 일반적으로 기본 입자라고 알려진 광자, 경입자, 강입자로 구성되어 있다. 그리고 이것은 빅뱅 이후로 바뀌지 않았다.

천문우주학과의 한 교수를 만났다. 그에 따르면 인간은 이 네 가지 힘과 세 가지 입자를 설명하는 공식을 발견했고, 이 공식은 모두 A4 한 장에 들어가며, 이는 우주의 '거의 모든' 게 아니라 '모든' 것을 설명할 수 있다고 말한다. 자연에 관한 인간의 인식과 이해는 발전했지만 이 발전은 없던 궁극의 질서를 '창조'한 게 아니라 '발견'한 것이다. 우주의 질서는 인간이 창조하거나 변경할 수 없고 '발견'할 뿐이다. '헛되고 헛되구나. 어처구니없구나. 모든 것이 서둘러 사라'진다는 지혜를 출발점으로 한다면, 그리고 그것이 인생의 피할 수 없는 조건이라면 우리가 하는 여러 일들은 어떤 의미가 있을까?

레우트
루아흐

《전도서》에는 '레우트 루아흐(רעות רוח)'라는 독특한 표현이 여러 차례 나온다.(1:14; 2:11, 17, 26; 4:4, 6; 6:9) 레우트는 (가축 떼 등을) '몰다', '열망하다' 등을 의미하고, 루아흐는 '바람'을 뜻한다. 따라서 문자적으로 이해하면 이 문구는 '바람을 몰아가다' 혹은 '바람을 열망하다' 또는 우리말의 여러 번역처럼 '바람을 잡다' 등을 의미한다. 바람을 가축 몰듯 몰아갈 수도 없고 그것을 잡을 수도 없다. 바람을 소유하려 해도 그것은 불가능하다. 불가능한 일에 번번이 도전해 봐야 그것은 헛수고일 뿐이다. 코헬렛은 사람이 나름의 가치를 열심히 추구하려 해도 죽음이라는 운명 앞에 굴복할 수밖에 없고, 시대와 사회를 변경하려는 시도 역시 인간의 노력으로 달성될 수 없다고 가르친다.

미크레

코헬렛은 글 전반에 '죽음'이라는 인간 실존의 한계를 뚜렷하게 내세운다. 그의 사고는 인간의 한계 상황을 전제로 전개된다. 그는 이렇게 말한다.(2:13-15)

> [13-14] 난 알았다. 어리석음보다는 슬기로움이, 어둠보다는 빛이 더 낫다는 것을. 현자(賢者)는 빛 속을 걷지만 어리석은 이는 어둠 속을 걷는다는 것을. 하지만 둘 다 똑같은 운명을 타고났다는 것 또한 나는 깨달았다. [15] 속으로 생각했다. '어리석은 자에게 닥칠 운명이 바로 내 운명이 아닌가? 그렇다면 무엇 때문에 그토록 깨달음을 얻으려 애쓴단 말인가!' 하며 속으로 중얼거렸다.

위에서 '운명'이라고 번역한 히브리어는 '미크레(מקרה)'다.(2:14-15; 3:19; 9:2-3) 이 단어는 예상치 않은 만남이나 사건, 사고, 해프닝을 의미하며, 운명을 뜻하기도 한다. 신의 섭리이나 계획이 있든지 없든지 인간 편에서 모든 것은 우연이다. 왜 하필 지금 이곳에 내가 있고 그 일이 일어나야 하는 것인지, 주어진 삶의 조건이 이런 것인지 알 수 없다.

인간 편에서 그것은 그저 그렇게 된 것이고, 그렇게 된 이유를 '해석'하고자 시도할 뿐이다.

출근길에 우연히 모르는 어떤 사람을 만났다. 다른 길을 가다가 그 사람을 만나고 또 만났다. 직장에 출근하는 내게 그 길을 가는 것은 필연일 수 있다. 그리고 그 사람도 여러 이유로 그 시간에 그 길을 갔고, 그것은 그의 필연이다. 그러나 나의 필연과 그의 필연이 만나는 것은 필연이 아니라 우연이다. 우리는 그런 우연, 해프닝으로 가득한 우리 삶이 헛헛해 거기에 '의미'를 찾거나 부여하려 한다. 그것을 '인연'으로 부르고 싶어 한다. 우연히 일어난 일로 나의 인생이 바뀌면 변화의 계기가 된 그 사건을 '운명'이라 여기고 싶어 한다. '미크레'가 '해프닝'과 '운명'을 동시에 의미한다는 것은 대단히 오묘하고 또 흥미롭다.

이 해프닝으로 가득한 세계, 그리고 결국 맞이하게 될 인간의 '운명' 가운데 가장 확실한 것은 '죽음'이다. 지혜가 있는 사람도 어리석은 사람도 다를 바 없다. 그리고 이 죽음은 사람을 그저 먼지로 돌려놓을 뿐이다. 죽음은 살아 있을 때 그가 누구였는지 고려하지 않는다.

코헬렛은 여기서 더 나아가 인간과 짐승도 같은 숨을

쉬다가 같이 죽고 만다고 말한다.(3:19) 지혜자나 우매자가 동일한 운명에 속하듯, 인간이나 짐승도 다를 바 없는 동일 운명의 힘에 매여 있다. 지혜자가 우매자보다 나은 게 없듯 인간도 짐승보다 나을 게 없다. 모두 똑같이 '흙에서 와서 흙으로 돌아간다'. 사람의 숨은 위로 가고, 짐승의 숨이 땅으로 내려가지도 않는다.(3:20-21)

죽음이 인간과 짐승의 질적인 차이를 지우는 마당에 인간 사이에 여러 구분과 차이가 중요할 수 없다. 하여 코헬렛은 "의인도 악인도 그리고 선인도, 사제 규칙을 지키는 이도 지키지 않는 이도, 예물을 드리는 이도 드리지 않는 이도, 좋은 일 하는 이도 나쁜 짓 하는 이도, 서원하는 이도 서원을 깨는 이도"(9:2) 근본적 차이가 없다고 말한다. 모든 차이를 없애는 죽음이라는 해프닝이자 운명인 미크레는 살아 있는 모든 것을 동등하게 만든다. 이것은 잘 알려진 라틴어 문구 '메멘토 모리(memento mori)', 곧 '너의 죽음을 기억하라'의 교훈과 공통점이 있다.

전해지는 이야기에 따르면 고대 로마에서 개선장군이 로마시에서 승전 축하 행진을 할 때 노예를 시켜 행렬 뒤에서 큰소리로 이 문구를 외치게 했다고 한다. '노예'의 입을 빌어 개선장군을 향해 '전쟁에서 승리했다고 너무 우쭐대지 말라. 오늘은 개선장군이지만, 너도 언젠가는 죽는다. 그러니 겸손하게 행동하라'는 교훈을 전달했다. '메멘토 모리'와 함께 'Memento te hominem esse(그대는 인간이라는 사실을 명심하라)', 'Respice post te, hominem te esse memento(뒤를 돌아보라, 지금은 여기 있지만 그대 역시 인간에 지나지 않는다는 사실을 기억하라)' 이 두 문구는 로마의 경구다.

인간은 결국 죽음이라는 운명을 피할 수 없기에 사람들이 모두 '가치 있다'고 평가하는 것을 좇으려 한다. 코헬렛도 그렇게 했다. 그는 마음을 다해 세상에서 일어나는 일을 탐구하고 연구했다.(1:13) 좋은 것을 찾아 마시고 좋은 것만 보고자 했으며, 기쁘게 살려 했다.(2:1-2) 요새 말로 바꾸면 긍정적인 태도를 가지려 한 것이다. 사업을 하고, 집을 짓고, 정원을 가꾸고, 수로를 만들기도 했다. 재물을 쌓고 자기 말에 복종하는 노예와 가축을 사들였다. 보물을 축적하고, 자신을 위한 '연주단'도 만들었다.(2:3-10)

코헬렛이 실제로 이 일을 다 했는지 알 수 없으나 그에 따르면 그런 일을 벌여 만족을 얻으려 해도 그 욕망을 다 채우지 못하고(6:7) 무엇 하나 보람으로 남는 게 없는 '레우트 루아흐'일 뿐이다. 그러니 미크레를 앞에 두고 소위 '가치 있는 일'을 추구한 모든 것을 '덧없다'라고 말할 수 있을 뿐이다. 가령 코헬렛 같은 지혜자도 먼저 자신이 달할 수 있는 지혜의 범위와 깊이가 제한되었음을 알아야 한다.(8:16-17)

16-17 심혈을 기울여 지혜를 연구하고 밤낮으로 땅 위에서 일어나는 일을 자세히 살펴보았다. 심지어 밤낮으로 잠을 자지 않고 하느님이 하시는 일을 꼼꼼히 바라본 것이다. 그런데 사람은 해 아래에서 벌어지는 일을 다 알 수 없더구나. 아무리 열심히 탐구하고 연구한다 해도 정말 알 수 없다.

코헬렛은 지혜를 추구하느라 고생한다. 그러나 무언가를 다 알았다고 말할 수 없다는 것을 스스로 인정한다. 아마 진지하게 지식을 추구하는 사람들이 느끼는 것과 다르지 않을 것이다. 더 공부할수록 더 무식해지는 역설을 느껴 보지 않은 사람은 본격적인 공부를 하지 않은 사람이라고 단언할 수 있다. 코헬렛은 이 한계가 뚜렷한 지혜와 지식의 추구가 기쁨보다 고통을 가져다준다고 말한다.《전도서》 곳곳에서 코헬렛은 자신이 밤낮을 가리지 않고, 몸을 돌보지도 않은 채 지혜와 무지를 모두 알려 노력했다고 말한다. 그러나 고단한 이 일이 별 보람을 가져오지 않는다고 자조한다.(1:13; 7:23, 25) 가령 "지혜가 많으면 근심이 늘어나더라. 아는 것 많아도 두통만 심하더라"(1:18)고 토로하기도 한다.●

오랫동안 오해되었던 히포크라테스의 '예술은 길고 인생은 짧다'라는 문구가 떠오른다. 이 문구는 흔히 예술의 위대함과 지속성, 그리고 그에 비해 초라하고 짧은 인생을 비교하는 말로 이해되었다. 그러나 이 라틴어 문구는 '예술'이 아니라 의학 '기술(ars)'은 배우고 익히기에 오랜 시간이 걸리지만, 그것을 충분히 익히기엔 우리의 삶이 짧다는 뜻이다. 의학 기술만이겠는가. 다른 모든 것이 그러하다. 이 문구는 지식의 광대함과 인간 인식의 한계를 대비하는 경구인 셈이다.

● "끊임없는 공부 또한 몸을 망가뜨린다"(12:12) 등의 말도 있다. 그러나 이렇게 공부하느라 자신의 건강을 해치는 사람을 주위에서 쉽게 찾아보긴 어렵다. 이 말을 핑계로 공부하는 것을 멀리하는 것은 어리석다.

제만

인간의 애 쓰는 행동이 바람을 열망해 그것을 모아두려는 헛된 수고인 까닭은 인간이 죽음이라는 한계를 맞이하는 것은 물론이고, 인간에게는 어쩔 수 없이 따라야 하는 신이 정한 '때'가 있기 때문이다.(3:1, 11)

> 모든 것에 시기가 있다. 하늘 아래 벌어지는 일 모두 다 그 때가 있다. … 님은 때마다 모두 알맞게 하셨나니.

위에서 '시기'로 번역한, 그리고 다른 번역본들에 주로 '때'로 번역한 히브리어는 '제만(זמן)'이다. 이것은 '정해진' 혹은 '약속된' 때를 뜻한다. 코헬렛에 따르면 하느님은 "때마다 모두 알맞게 하셨"다.(3:11) 따라서 코헬렛은 이렇게 말한다. "난 깨달았다. 하느님 하시는 일, 또한 영원히 있으리라. 더할 일 하나도 없다. 뺄 일 하나도 없다."(3:14) 또 "일마다 적절한 때가 있다. 일마다 알맞은 곳이 있다"(3:17)라고 말한다. 그래서 사람은 그의 앞에서 그 때를 정한 신을 "경외하게 했다"(3:14)고 선언한다. 모든 것에 시기를 배정한 신 앞에 인간은 공경의 자세와 두려워하는 마음을 가질 뿐이다.

　신이 모든 것의 때와 장소를 알맞게 했다는 선언, 그리고 우리가 그것을 다 알 수 없다는 설명은 결정론 혹은 운명론과 유사하게 들린다. 보통 운명론이나 결정론은 근거 없는 낙관이나 냉담한 비관을 낳는다.● 코헬렛은 이 두 극단이 아니라 하느님이 모든 때와 장소를 알맞게 했다고 전제할 때 인간이 취해야 할 그에 '알맞은' 언행을 이렇게 교훈한다. "좋은 날은 기뻐하라. 나쁜 날은 묵상하라. 이 또한 하느님 하시는 일이라. 님의 솜씨, 아무런 흠 없으리니."(7:14)

　좋은 날이 오면 충분히 즐기고, 나쁜 날이 오면 그때는 이 모든 일이 다 하느님이 하신 일이라, 흠 없는 일이라 묵상할 줄 알아야 한다는 것이다. 이것은 지나치게 바른 체하려거나 지혜로운 체하려고도 하지 말고, 반대로 지나치게 악한 체하거나 어리석은 체하지도 말아야 한다(7:16-17)는 가르침으로 이어진다. 코헬렛은 "어느 것 하나에도 얽매

● 혹은 신이 아니라 운명 혹은 맹목적인 우연이 제멋대로 모든 것에 때와 장소를 정했다는 인식도 사람에게 유사한 태도를 갖게 한다.

이지 말라. 치우치지 않는 일, 하느님 모시고 사는 이, 해야 할 일"(7:18)이라고 우리를 깨우치려 한다. 이런 교훈은 《중용(中庸)》의 '시중지도(時中之道)'를 떠오르게 한다.●

시중지도는 때에 맞게 처신하고 도리를 지키는 것을 가리킨다. 이상적인 인간인 군자는 중용의 사람이다. 중용은 극단 사이에 중간을 택하는 게 아니라 각 상황에 가장 '알맞은' 것을 분별해 이에 맞게 말과 행동과 태도와 감정 표현 등으로 대처하는 지혜와 능력이다. 이와 동시에 공자가 갖췄다는 무의(毋意), 무필(毋必), 무고(毋固), 무아(毋我)의 사무(四毋) 태도와 코헬렛의 지혜가 연결된다.●● 무의는 억측하지 않는 것을, 무필은 반드시 그렇다고 단정 짓지 않는 것을, 무고는 자신의 의견이나 주장에 집착하지 않는 것을, 무아는 자기중심적인 태도를 버리는 것을 뜻한다. 우리에게 익숙한 말로 바꾸면 객관적 성찰, 유연한 사고, 개방적 태도, 겸손한 소통을 의미한다고 할 수 있다.

● 여기서는 유교의 것만을 다루지만 아리스토텔레스의 '중용' 개념도 유교의 그것과 함께 《전도서》와 비교할 만하다.
●● 《전도서》의 가르침을 보고 사무를 떠올린 것은 내가 처음이 아니다. 박동환, 《왜 X의 신학인가? 전도서 다시 읽기》(박동환 철학선집 VII), 사월의 책, 2023, 120-121.

물론《전도서》와 유교 사이의 유사성이 서로 해설해주는 측면이 있으나 그 가르침이 일치하는 것은 아니다. 유교와는 달리《전도서》는 절대자인 신과 그의 계획을 앞에 두고 일어나는 성찰이다. 하여 사무와 유사하지만 삶을 대하는 근본 자세에 대해 일러주는 바가 유교적 태도와 다르다.《전도서》에는 경외와 같은 종교적 것들과 더불어 현세의 즐거움을 누리라는 권고가 동시에 이루어진다. 이에 대해서는 뒤에서 다시 이야기하도록 하자.

아바트

헤벨이 가져다주는 인간의 조건은 짧음, 덧없음, 어처구니없음이다. 미크레와 제만은 인간이 맞이할 죽음이 주는 짧음과 애써 추구하는 것들이 아무것도 남기지 않는 덧없음을 상세히 알려준다. '아바트(הבל)'는 '어처구니없음'과 연결할 수 있으며, 구부러진 것, 도덕적으로 왜곡된 것을 뜻한다.《잠언》은 인과응보를 말하지만《욥기》와《전도서》는 그것이 실현되지 않는 듯한 세상을 직시한다. 그 두 문헌은 인과응보가 구현되지 않는 세상에서 악한 사람들이 사람들을 무자비하게 괴롭히는 것을 고발한다.

코헬렛이 강조하던 죽음이라는 공동의 운명을 피하지 못하고 소멸을 향해 줄지어 가는 동등한 존재라는 자각은 연민의 시선으로 나와 주변을 보도록 돕는다. 이런 시선은 자신이 놓인 사회적 신분을 넘어 해 아래 생존을 위해 버둥거리는 존재로서 타인을 바라보게 한다. 당시 지혜를 추구하는 코헬렛이나 지혜를 활용하고자 하는 이들은 사회의 고위 계층이었다. 그러나 《전도서》의 코헬렛은 왕과 귀족, 그리고 상류 계층에 편입된 지혜자들에게 아부하지 않는다. 그는 사회의 부조리를 약자와 핍박받는 사람 입장에서 파악하고 동정한다.(4:1-3)

> 나는 또한 해 아래에서 억압받는 이들을 보고 또 보았다. 아! 억압받는 이들이 흘리는 저 눈물! 위로하는 이 하나 없구나. 폭력을 마구 휘두르는 저 억압자들! 위로하는 이 하나 없어. 난 생각했어. 이미 죽은 이가 아직 목숨 붙어 있는 이보다 훨씬 더 행복하다. 이들보다 더 행복한 이 아직 태어나지도 않은 이. 해 아래에서 벌어지는 몹쓸 일 경험하지도 않은 이.

인과응보의 '규범'이 작용하지 않고 권선징악의 교훈이 유효하지 않더라도 코헬렛은 이상하게 여기거나 놀라지 말라고 말한다. 그렇다고 코헬렛이 우매자, 곧 어리석은 자와 악행을 일삼는 자를 쉽게 수용하지 않는다. 의인은 정의롭기에 풀잎처럼 시들어 그 아까운 생명을 빨리 끝마친 반면, 불의를 저지르고도 오래 산 악한 사람도 있다. 코헬렛은 인과응보에 따라 의인은 장수하고, 악인은 단명한다고 우기고는 '오래 사는 그가 지혜자이고, 의인'이라고 말하지 않는다. 불의를 저지르고도 오래 사는 그 '악인'이 있다고 명토 박는다.(7:15)

코헬렛은 도덕적 판단을 완전히 거두지 않는다. 때아닌 죽음을 맞이하지 말라고, 목숨을 아끼라고 충고하는 그가 유약한 순응주의자처럼 비칠지 모르나 그가 도덕과 윤리를 버린 것이 아니다. 그는 판결이 더뎌 악인이 버젓이 못된 짓을 하며 오래 사는 꼴을 보고 탄식한다. 요새 말로 '지연된 정의는 불의'라는 외침에 코헬렛은 동참할 것 같다. 그러나 악인이 한 일 때문에 의인이 구타를 당하고, 반대로 의인이 악한 이를 처벌하는 일도 생기니(8:14) 이 세상이 도덕적 완전체가 아닌 것을 인정하지 않을 수 없다.

오늘의 지혜
인습(因習)과 피상(皮相), 그리고 지혜

노자의 《도덕경》 20장에 이런 내용이 있다. "배우는 것을 중단하면 근심이 없어진다. '예'라는 말과 '아니오' 사이에 거리가 멀면 얼마나 멀겠는가? 선하다는 것과 악하다는 것 사이에 차이가 얼마나 되겠는가?(絕學無憂, 唯之與阿, 相去幾何? 善之與惡, 相去若何)"

코헬렛만이 배움과 근심(고통)을 연결하고, 전통적 선과 악, 피상적으로 파악된 좋은 것과 나쁜 것 사이의 가치를 전복하지 않는다. 노자 역시 배움이 도리어 근심을 가져오고, 동시대 인간이 가진 한시적이고 가변적인 가치관의 차이를 고집하는 데서 도리어 고통이 비롯된다고 간파한다. 노자는 사람의 생명력을 갉아먹는 자의적 분별과 그것에 대한 집착에서 벗어나 '스스로 그러한(自然)' 본성이 아직 훼손되지 않은 '어린아이'와 같은 상태를 지향한다.

동서고금을 막론하고 피상적 진리와 거짓, 전통적 선과 악, 인습적 좋음과 나쁨 사이를 철저히 이분하면 그 사이에서 불필요한 고통이 생기기 마련이다. 이때 지혜자는 기존의 인식, 도덕, 미감의 세계를 비판적으로 뒤흔들거나 아예 해체하며 재구성한다. 이것이 종교와 철학의 역사다. 물론 특정한 생각이 부분적으로 같다고 해서 《도덕경》과 《전도서》의 핵심 논지가 동일한 것은 아니다.

나는
깨달았다!

코헬렛은 《전도서》 내내 인간 지혜 탐구와 지식의 한계를 말한다. 아무리 보아도 다 볼 수 없고, 듣고자 해도 모든 것을 다 들을 수 없다.(1:8) 전력을 다해 탐구하고 연구해도 피곤하기만 할 뿐이고(1:13), 지혜와 지식만이 아니라 어리석음과 바보짓도 알고자 노력했으나(1:17) 지혜롭다고 말하기에는 한참이나 모자란 자신을 발견했다.(7:23) 지혜로운 사람이 아무리 열심히 탐구하고 연구한다 해도 하느님이 하는 일을 다 알 수는 없다.(8:16-17)

이것은 이후 편집자가 덧붙인 부록에서도 반복되는데 편집자는 "얘야! 멀리하라. 서두르라. 글 짓는 일이란 끝없는 일이다. 끊임없는 공부 또한 몸을 망가뜨린다"(12:12)라고 말한다. 헤벨의 세상에서 미크레, 제만, 아바트를 고려하면 코헬렛의 이런 말은 당연하게 여겨진다. 그런데 《전도서》를 가만히 살펴보면 그가 '나는 깨달았다!(יתיאר)'라고 소리 높여 선언하며 청중에게 알려주려는 지혜가 나온다.(5:17-19)

> 난 깨달았다. 정말 좋은 일이 무언지. 먹는 일, 마시는 일, 열심히 일하며 좋은 면만 보는 일이라. 해 아래에서 몸부림치며 애쓰는 일, 짧은 인생, 다 하느님이 우리에게 주신 몫이니. 때로 하느님은 재산과 부(富)를 주시니, 먹으라. 그대의 몫이라. 그렇게 주신 선물이라. 기뻐하라고 내리신 하느님의 선물이라. 후회하지 않으며 나날의 삶 속에서 그저 기뻐하라고.

위의 내용은 '난 깨달았다!'는 말과 함께 《전도서》 여러 곳에서 반복된다(2:24-26; 3:12-13; 4:4-6; 8:15; 9:7-10; 11:8-10). 이 중에는 외모를 꾸미는 일을 권하는 대목도 있다. "옷은 늘 멋지게 입으라. 머리에는 늘 기름을 바르라."(9:8) 어떤 때는 진지하고 냉소적이고 날카롭고 회의적이던 코헬렛이 '난 깨달았다'고 외치는 듯한 내용을 읽으면서 '카르페 디엠(carpe diem)'을 떠올리는 사람들이 있을 것이다.

실제 《전도서》를 풀이하는 사람 중에 그 라틴어 문구가 코헬렛의 주장을 잘 담고 있다고 말하는 이들이 있다. 나는 이에 관해 두 가지를 말하고자 한다. 하나는 카르페 디엠의 원래 뜻을 다시 한번 확인하는 것이고, 다른 하나는 이 가르침의 원형이 담긴 《길가메시 서사시》를 통해 코헬렛의 의도를 더 풍성히 읽어내는 것이다.

먼저 카르페 디엠이 종종 '욜로(You Only Live Once)'로 오해되는 사례가 있다. 욜로는 '단 한 번뿐인 인생'이라는 인식 아래 다분히 쾌락주의적 태도를 권고한다. 그러나 욜로는 한때의 유행일 뿐 삶을 책임지는 진지한 자세라고 간주하기 어렵다. 시인 도로시 파커(Dorothy Parker)는 이전부터 존재하던 욜로식 삶의 태도에 관해 이런 시를 썼다.

술을 마시고, 춤춰라, 웃어 젖혀라, 기꺼이 거짓말도 해라.
사랑해라, 자정을 넘기도록.
내일이면 우리는 죽고 말 테니!
(아뿔사! 그러나 우리는 결코 죽지 않지)

그렇다! 우주적 시간에 비할 때 우리의 삶은 '헤벨'이다. 그러나 내일이 없는 듯 힘을 다해 쾌락을 누린 뒤 다음 날 아침이면 깨질 듯 아픈 머리를 쥐어뜯으며 깨어난다. 2020년 기준 한국인 평균 수명이 83.5세다. 그것을 날짜로 계산하면 3만 일이 넘는다. 누군가의 말 대로 삶에 한 번뿐인 것은 죽음 뿐이다(You only die once).

'카르페 디엠'은 고대 로마 시인 호라티우스(Horatius)의 《송가》(Carmina, I.11)에 나온다. 호라티우스는 레우코노에라는 여인에게 신들이 우리에게 어떤 운명을 주었는지 묻지 말라면서, 그것은 금기이며 바빌론의 점성술로도 미래를 점치지 말라고 충고한다. 그저 주어진 운명을 견디고 살아갈 뿐이기 때문이다. 몇 년을 더 살지, 아니면 이번 겨울이 마지막일지 아무도 모르기에 이 한정된 시간에 할 수 있는 일을 하라고 권한다.

현명해져야 하고, '포도주를 걸러 마시라'고 말한다. 거르지 않은 포도주와 거른 포도주 가운데 당연히 후자가 좋은 포도주다. 거르지 않은 포도주를 마시는 것은 심각한 숙취를 불러올 수 있다. 따라서 포도주를 걸러 마시라는 말은 쾌락을 얻고자 할 때도 뒤따르는 고통을 최소화하라는 뜻이다. 또 앞날을 길게 준비하며 걱정하지 말고 짧은 시간을 계획하라고 충고한다. 이 말을 하는 동안에도 시간은 흘러가니 "내일을 최대한 믿지 말고" 오늘을 붙잡는 것(카르페 디엠)이 중요하다고 말한다. 과거는 지나갔고, 미래는 아직 오지 않았으니 확실한 것은 현재다. 그러니 현재를 충분히 (즐기는 게 아니라) 살아야 한다. 이렇듯 호라티우스의 《송가》는 《전도서》의 지혜와 유사성이 있다.

호라티우스의 《송가》보다 훨씬 오래된 《길가메시 서사시》에도 유사한 지혜가 등장한다.• 우루크의 왕이자 3분의 2는 신이고, 3분의 1은 인간인 길가메시는 영혼의 단짝인 엔키두가 죽자 새삼 죽음을 두려워하게 되었다. 그는 영생을 누리는 유일한 인간 우트나피쉬팀을 찾아가 영생을 얻을 수 있는 비법을 알고자 했다. 우트나피쉬팀에게 가는 길은 고난의 여정이었다. 길가메시는 마슈 산에 도착해 전갈 부부의 허락을 받아 입산하고 드디어 완전한 어둠의 길을 지나 신들의 정원에 다다른다. 이후 그곳 바다 끄트머리에

• 《길가메시 서사시》가 오늘날 트랜스휴먼 논의에 어떤 통찰을 줄 수 있는지에 관해서는 김학철, 〈트랜스휴먼 시대의 인간 향상과 성숙-길가메시 서사시를 중심으로〉, 《교양교육연구》 13, 2019, 39-56을 보라.

여인숙을 지키는 여인 씨두리*에게 가 인간이 건널 수 없는 바다를 건너게 해줄 뱃사공 우르샤나비를 소개받고 죽음의 바다를 건넌다. 씨두리는 멋지고 건강하고 늠름했던 길가메시가 먼지를 뒤집어쓴 초췌한 모습으로 나타났을 뿐 아니라 영생을 찾아 우트나피쉬팀에게 가고 있다는 말을 들은 뒤 그를 돕지만 한편 이렇게 충고한다.

길가메시, 그대는 어디로 그렇게 서둘러 가려고 하나요? 그대가 찾고 있는 그 영생은 결코 찾지 못합니다. 신들이 인간을 창조했을 때, 그들은 영생은 자신의 몫으로 하고, 인간에게는 죽음을 할당했지요. 길가메시, 맛있는 것을 먹어요. 밤낮으로 춤추고 즐기며, 잔치를 벌이고 기뻐하세요. 옷을 깨끗이 하고, 물로 몸을 씻으며, 그대의 손을 잡은 어린아이를 소중히 여기고, 그대 품에 안긴 아내를 행복하게 해주세요. 이것이 인간의 운명입니다.

● 씨두리는 '여인숙을 지키는 여인'으로 소개되어 있지만 그는 단순한 숙박업자가 아니라 지혜라는 '숙소'의 안주인으로 지혜 자체를 의미할지도 모른다.

길가메시라는 영생을 찾는 고단한 구도자에게 씨두리라는 지혜자가 한 말은, 밤낮 가릴 것 없이 지혜를 찾아 애쓰는 코헬렛이 스스로 지혜를 깨달아 '나는 깨달았다'라며 한 말과 유사하다. 호라티우스, 씨두리와 코헬렛은 유사한 통찰을 전해 준다. 코헬렛은 이 통찰을 더욱 구체화한다.

삶의 범위를 줄여라, 즐기는 것이 허락되었다

코헬렛이 깨달았다고 외치는 지혜는 우리가 마음 쓰는 삶의 범위를 줄이라는 권고다. 호라티우스의 표현을 빌리면 '내일을 믿지 말라'는 것이다. 코헬렛은 죽은 이후의 세계에 대해 불가지론, 곧 사후에 무엇이 있는지, 어떤 일이 벌어지는지 알 수 없다고 주장했다.(3:18-21) 흘러간 과거는 물론이고, 앞으로 닥칠 일도 알 수 없기는 마찬가지다. 코헬렛은 우리가 '살아 있는 동안'에 초점을 두라고 가르친다.(3:12)

우리의 허무감은 과거를 기억하고 미래를 예측하기에 더욱 강화된다. 코헬렛은 하느님이 우리에게 과거와 미래에 대한 감각을 주셨다고 말한다.(3:11) 그러나 코헬렛은 그런 감각이 있더라도 우선 살아 있는 동안에 초점을 맞추라고 알려준다. 그리고 그 '살아 있는 동안에' 즐기는 것이 허락되었다. 한국 개신교가 가장 많이 사용하는 개역개정번역은 3장 12절을 "사람들이 사는 동안에 기뻐하며 선을 행하는 것보다 더 나은 것이 없는 줄을 내가 알았고"라고 번역한다. 하지만 나는 이 번역에 도덕적 강박이 남아 있다고 생각한다. 다른 번역본인 공동번역은 이를 "결국 좋은 것은 살아 있는 동안 잘 살며 즐기는 것밖에 없다는 것을 깨달은 것이다"라고 좀 더 정확하게 번역한다.

'살아 있는 동안'에 '잘 살며 즐기는 것'이 인간에게 허락되었다. 이것은 언뜻 욜로처럼 보이지만 이 말을 하는 코헬렛은 길가메시처럼 지혜를 찾기 위해 먼지를 뒤집어쓰기를 마다하지 않고 밤낮으로 갈구해 오던 사람임을 기억하자! 몸을 상해가며 삶을 아름답게 조형해 줄 지혜를 찾았지만 결국 그가 발견한 것은 헤벨과 그에 따르는 여러 가지 조건들이다. 그리고 그것들은 '헛되고, 짧고, 어처구니없는 삶'을 통절히 깨우친다.

바로 그런 코헬렛은 그와 같은 사람들, 다시 말해 코헬렛 자신처럼 진지하게 인생을 깨우치려 밤을 지새우는 사람들에게 이렇게 권한다. "삶의 범위를 줄입시다. 즐기는 것이 허락되었습니다." 불현듯 부처의 가르침을 전하기 위해 인도에서 중국으로 건너온 달마와 그의 첫 제자 혜가의 이야기가 떠오른다.

달마는 중국에서 불교를 전파했지만 그 선교가 그다지 성공적이지 못하다고 여겼다. 그는 어느 산에 들어가 9년 동안 벽을 바라보는 면벽수행을 했다. 그때 혜가는 자신을 제자로 받아들여 달라며 묵묵히 스승을 기다렸다. 눈이 덮인 어느 날 혜가는 자신의 결심을 보이려고 왼팔을 잘라 달마 앞에 내던졌다. 그 대단한 결심을 보인 뒤 혜가는 달마에게 요청했다. "저의 마음이 편안하지 못하니 제 마음을 편안하게 해주십시오." 달마는 이에 "그 편안하지 않은 마음을 가져오면 내가 편안하게 해주겠다"고 답했다. 한참을 생각하던 혜가는 "마음을 찾아도 마음을 찾아낼 수 없다"고 답했고, 달마는 "그대의 마음을 이미 편안하게 해주었다"고 알려주었다. 때로 마음의 고통은 육체의 고통보다 훨씬 더 크고 깊다. 코헬렛은 혜가에게 이렇게 말해줄지 모른다. "생각의 범위를 줄이시오. 즐기는 것이 허락되었습니다." 어제도 내일도 아니라 지금 이곳 '살아 있는 동안'에 삶을 '즐기는 것', 곧 충분히 존재하려 하는 게 인간에게 허락되었다.

《전도서》 5장 20절은 번역본마다 조금씩 다르다. 새번역은 "하느님은 이처럼, 사람이 행복하게 살기를 바라시니, 덧없는 인생살이에 크게 마음 쓸 일이 없다"로, 개역개정은 "그(인간)는 자기의 생명의 날을 깊이 생각하지 아니하리니 이는 하느님이 그의 마음에 기뻐하는 것으로 응답하심이니라"라고 번역한다. 이환진은 "후회하지 않으며 나날의 삶 속에서 그저 기뻐하라고"로, 송민원은 "자신의 생명이 얼마 남았는지 자주 생각하지 않는 것이 좋다. 왜냐하면 하느님은 사람의 마음이 기뻐하기를 바라시기 때문이다"로 번역한다. 여러 번역본이 있지만 공통된 것은 신은 인간이 기뻐하는 것을 바라고, 그가 자기의 능력 넘어 걱정하는 행위를 원하지 않는다는 것이다. 기꺼이 자기가 책임질 수 있는 범위로 삶의 크기를 줄이고, 지금 여기에서 충분히 존재함으로써 즐기라.

우리에게 허락된 것들은 선물

앞에서 인용한 《전도서》 5장 17-19절은 "먹는 일, 마시는 일, 열심히 일하며 좋은 면만 보는 일"이 우리에게 허락된 것이라고 말한다. 먹는 일과 마시는 일은 생존과 풍족한 즐거움을 뜻한다. 생존과 풍족한 즐거움이 허락된다면 그것은 참으로 좋은 일이다. 그런데 그것을 신이 허락한 '선물'이라고 인식하는 게 중요하다. 그럴 때 우리는 탐식과 탐욕이 주는 어리석음에서 벗어날 수 있기 때문이다. 곧 행복의 역설과 비교의 고통에서 벗어날 수 있다.

신이 허락한 생존과 풍요라는 인식은 '우리가 추구해야 하는 것은 행복 자체'라는 집착에서 우리를 구원한다. '행복의 역설'이라는 개념이 담겨 있다. 이것은 인간이 행복 자체를 추구한다면 도리어 불행해질 수 있다는 주장이다. 인간이 행복에 더 비중을 두고 추구할수록 우리는 '행복하다'는 느낌이 없으면 곧바로 '불행'하다고 여긴다. 행복이 '감정적 상태'를 가리킨다고 여기면 불행의 고통은 더 커진다. 두말할 필요도 없이 우리 삶의 조건은 행복감을 주는 환경과는 거리가 아주 멀다. 늘 문제가 생기고 어처구니없는 사고가 발생하고 고통과 권태가 곳곳에 도사리고 있다.

행복'감'은 순간이며 덤덤한 일상이 시간의 대부분을 채운다. 늘 근사한 아침 식사가 준비되어 있는 것도 아니며, 느긋하게 아침 햇살을 즐길 수 있는 사람 또한 별로 없다. 대다수에게 아침은 정신없고 분주하다. 점심 식사 역시 시간에 쫓겨 '때우는' 경우가 많고, 저녁 회식 자리에서 기름진 음식을 먹다가 옆의 누군가에게 혹은 누군가의 말에 상처받기 일쑤다. 그럴 때마다 '행복한가?'를 물으며 나의 행복도를 체크한다면 도리어 극심한 고통과 스트레스를 얻게 될 것이다. 행복하지 않으면 불행하다는, 나아가 행복감이 없으면 불행하다는 착각은 행복 집착증에서 온다.

또한 행복감은 '내'가 느끼는 것이기에 '너'의 행복감을 볼 때 도리어 우울해진다. 사촌이 땅을 사면 배가 아프고, 친구의 성공 앞에서는 숨기고 싶은 질시가 올라온다.

모두 나쁜 생각들이어서, 그런 생각을 하는 내가 또 싫어진다. 그럴수록 인간은 자기 자신에게 몰두하게 되는데, 자기 자신에게 몰두하는 것만큼 행복과 멀어지게 하는 게 없다. 나는 종종 미술관에 가서 작품을 감상한다. 자신을 주제로 하거나 소재로 한 작품들을 보면 대부분 침울하다. 자기 자신에게 몰두했을 때 우리가 발견하는 것은 '텅 비어 있는' 자기 자신이기 때문일 것이다.

생존과 풍요로운 즐거움이 신의 선물이라고 생각하지 못하면 나보다 더 '잘난' 사람들의 풍요 앞에 열등감을 느낄 수밖에 없다. 알려져 있다시피 SNS 사용과 불행한 감정은 비례관계다. 다른 이가 누리는 즐거움에 도달할 수 없는 '못난' 내가 SNS 속에서 계속 확인되기 때문이다.

반면 우리에게 허락된 먹을거리와 마실거리를 신의 '선물'로 여기는 태도는 감사를 불러온다. 누군가가 건네는 정성의 선물은 감사를 불러일으키지 않는가. 전통적으로 그리스도교는 감사를 매우 중요한 삶의 태도로 간주했다. 존 템플턴 재단은 '감사 과학과 실천의 확장'이라는 프로젝트를 실시했고, 각 분야의 연구자들이 감사에 관한 새로운 결과를 얻었다. "감사가 심혈관계 건강에 미치는 유익,

연인 관계에서 차지하는 역할", "부정적인 정서"를 줄이고 "타인과의 연결감, 낙관과 행복감 같은 긍정적 정서"의 증가, "타인에게 베풂을 실천하고 그 실천에서 행복을 느낄 가능성도 높게" 만들었다.● 이와 같이 감사가 가져오는 여러 긍정적인 항목들은 내 삶이 충만하다는 느낌과 직결되어 있다. 로이 바우마이스터(Roy Baumeister) 등의 연구가 이를 잘 입증한다.●● 이 연구는 종교와 봉사 활동, 타인과의 관계 형성, 베풂 등이 삶의 의미에 큰 영향을 준다고 주장한다.

소박할지언정 내게 신이 선물한 것들이 허락되었다는 사실에 기뻐할 수 있다. 개신교에 〈세상 모든 풍파 너를 흔들어〉라는 찬송가가 있다. 그 가사 중에 '받은 복을 세어 보아라'가 있다. 이 유쾌한 곡조의 찬송가 가사는 코헬렛의 지혜를 반영한다. 영어 가사의 일부를 다음과 같이 옮겨 본다.

● 제러미 애덤 스미스 외, 손현선 옮김, 《감사의 재발견-뇌과학이 들려주는 놀라운 감사의 쓸모》, 현대지성, 2022, 9.

●● R. F. Baumeister & K. D. Vous, "The pursuit of meaningfulness in life," In C. R. Snyder & S. J. Lopez (Eds.), Handbook of Positive Psychology. (Oxford, England: Oxford University Press, 2005), 608–618.

삶의 풍파가 당신을 휩쓸어 올 때 그대는 폭풍에 들썩이 겠지요. 모든 것을 잃었다고 생각하며 낙담할 그때, 수많 은 축복을 세어 하나하나 이름을 불러 보세요.
그대가 염려하며 고생할 때 당신이 짊어지도록 부름받은 십자가가 무겁게 느껴지나요? 당신이 받은 많은 축복을 세어 보십시오. 모든 의심은 날아가 버릴 것입니다.
땅과 금을 가진 다른 사람들을 바라볼 때, 그리스도께서 당신에게 그분만 줄 수 있는 말할 수 없는 복을 약속하셨 다고 생각하십시오. 당신의 많은 축복을 세어 보십시오.

신의 무한이나 자연의 영원함에 비하면 헤벨에 불과한 인간과 인간 세상인데, 《전도서》에 따르면 신이 그 하찮은 인간에게 '선물'을 주었다. 《전도서》는 냉소와 회의와 인과 응보가 이루어지지 않은 세상을 말하지만 그는 이 삶과 인 간이 누리는 것이 '신의 선물'이라는 유대인의 신앙을 버 린 것은 아닌 셈이다.

혼자보다는 둘,
그리고 그 이상

마지막으로 코헬렛이 권하는 것은 '혼자보다 둘'로 헤벨에 맞서라는 것이다. 문제가 생기면 많은 사람이 자기만의 '동굴'로 들어가는데, 그곳은 보호처가 아니다. 코헬렛은 이렇게 말한다.(4:9-11)

> 혼자보단 둘이 낫다. 함께 일하고 더 많은 임금을 받을 수 있으니. 넘어진다 해도 그 동무가 일으켜 세워주니. 혼자 일 땐 넘어져도 일으켜 줄 이 아무도 없으니. 둘이 함께 누우면 따뜻하나 혼자 누우면 따뜻할 수 있으랴? 공격받으면 함께 대항할 수 있으니. 세 겹 줄은 끊어지는 일 결코 없으리.

가끔 인용하는 서양 속담이 있다. '학위 증서(diploma)보다 친구의 이름이 적힌 주소록이 더 가치 있다.' 삶의 의미나 행복에 관한 모든 연구는 늘 인간관계의 중요성을 강조한다. 그런데 얼마만큼 중요할까? 나타부드 포우다비(Nattavudh Powdthavee)는 흥미롭게도 그것을 금전적으로 계산하려 했다.• 그는 실제 소득 변화가 친구, 친척, 이웃 같은 긴밀한 사회적 상호작용에 비해 행복에 미치는 영향이 훨씬 작다는 것을 보여주었다. 사회적 참여가 증가하면 2000년대 초반 기준으로 연간 약 8만 5,000파운드(약 1억 3,000만 원)에 해당하는 소득을 더 버는 것과 같다고 계산했다.

나는 《전도서》와 위의 논문을 읽으면서 내 주변의 친구, 친척, 동료 등을 떠올려 보았다. 그들이 없었다면 나는 무엇이었을까? 또 아내와 자녀가 없는 부유함과 그들이 내 옆에 있는 현재 중 하나를 선택하라면 나는 주저 없이 후자를 택하겠다. 내 인생은 그들의 인생과 더불어 존재한다. 물론 부유하더라도 그런 관계를 맺을 수 있을 것이다.

경제학자 리처드 이스털린(Richard Easterlin)은 행복을 논

• Nattavudh Powdthavee, "Putting a Price Tag on Friends, Relatives, and Neighbours: Using Surveys of Life Satisfaction to Value Social Relationships," Journal of Socio-Economics 37 (4, 2008), 1459-1480.

하는, 이른바 행복경제학을 말한다. 그에 따르면 개인의 행복은 기본적으로 경제 상황, 가정생활, 건강이라는 세 가지 요소에 달려 있다.• 우리는 제한된 시간을 살기 때문에 각각을 성취하기 위해 시간 배분을 해야 한다. 시간이라는 자원을 사용해 행복의 효율을 높이려는 경제학적 시도인 셈이다. 그는 "사람들은 삶의 다른 목표를 희생시키고 돈을 추구하기로 선택함으로써 시간을 잘못 배분할 때가 아주 많다"••고 지적한다.

경제학자로서 그는 "가정생활과 건강을 위해 시간을 더 많이 쓰고 돈을 위해서는 시간을 덜 쓰는 게 바로 답"이라고 이야기한다. 나아가 그는 삶의 의미는 다른 사람에게 무언가를 공헌하는 데서 오고, 행복은 다른 사람들이 나에게 공헌하는 데서 온다고 구분한다. 삶의 의미든, 행복이든 모두 건강한 사회적 관계에서 오는 것만은 분명하다. 이것이 헤벨에 맞서 삶을 지켜내려는 코헬렛의 지혜다.

● 리처드 이스털린, 안세민 옮김, 《지적 행복론-97세 경제학 교수가 물질의 시대에 던지는 질문》, 윌북, 2022, 51.

●● 위의 책, 101.

삶을
조소하는 지혜,
《야고보서》

5

우리는
누구이고자 하는가

장인(匠人)이 자신의 혼을 담아 도자기를 만들고, 그것의 예술적 가치가 인정되면 우리는 이를 '작품'이라고 부른다. 공들여 쓴 글이 있어도 우리는 그것을 쉽게 '시(詩)'라고 하지 않는다. 시인은 "토씨 하나 찾아 천지를 돈다"●. 그러다가 꼭 맞는 토씨를 찾고, 또 다른 곳을 돌고 돌다 발견한 단어 하나하나로 세계를 완성하면, 그때쯤 우리는 그것을 시라고 부른다. 지혜는 그럭저럭 살아가거나 되는 대로 사는 사람이 요령을 피우도록 돕는 게 아니다.

    지혜는 자신의 삶을 '작품'으로 지어가려는 사람이 간절히 요청하는 삶의 기술이다. 한마디로 지혜는 우리 삶을 작품으로 만드는 기술이다. 누군가는 자기 삶을 드라마나

● 진이정, 〈시인〉, 《거꾸로 선 꿈을 위하여》, 문학동네, 2022.

영화로 간주하고 그곳의 '주인공으로서 나'의 삶을 작품화하는 것으로 상상할 수 있다. 어떤 이는 조각의 은유를, 다른 이는 글로 은유해 자신의 삶을 예술로 형상화하려 구상할 수 있다. 나는 삶의 기술로서의 지혜를 종종 '삶의 조소(彫塑) 기술'로도 부른다.

조소의 기법은 크게 둘로 나뉜다. 하나는 가법(加法)이다. 이 기법은 자신이 원하는 형상을 얻기 위해 무언가를 더한다. 다른 하나는 감법(減法)이다. 이 기법은 원재료를 깎고 덜어내어 예술 이념을 구현한다. 후자의 대가로는 미켈란젤로를 꼽는다. 우리는 대게 가법으로 살아가려 한다. 우리가 원하는 삶을 구축하기 위해 우리는 끊임없이 무언가를 덧붙여야 한다고 여긴다. 그러다가 어느 시점에 이르면 내 삶에 감법이 도입되어야 함을 안다. 가법과 감법을 오고 가며 내 삶을 예술로 형상화하려는 사람은 지혜를 요청한다. 그런데 우리는 아직 근본적인 질문을 하지 않았다. 우리가 살면서 드러내려 하는 참된 형상은 무엇인가? 인간은 자신의 삶을 어떤 작품으로 만들어야 하는가?

독일어에는 다른 나라 말로 쉽게 번역할 수 없는 '빌둥(Bildung)'이라는 단어가 있다. 이 단어의 어근은 '상(像)'을 의미하는 독일어 '빌트(Bild)'다. 서양 문화의 두 흐름인 그레코로만 문화와 유대-그리스도교 문화에는 인간의 '빌트'에 관한 각각의 전통이 있다. 그레코로만 전통에서 플라톤은 인간이 자신의 영혼을 원형(Urbild)인 이데아에 참여하도록 고양해야 한다고 가르친다. 후자인 유대-그리스도교 전통, 특히 성서에서는 인간이 신의 형상이며, 인간은 그 형상을 온전히 구현해 인간 형상의 원형인 그리스도처럼 온전해지기까지 성숙해야 한다고 요청한다. 신의 형상을 회복하라는 가르침은 "주님과 같은 모습으로 변화하여, 점점 더 큰 영광에 이르"(고린도후서 3:18)는 것이다. 이에 이르도록 하는 과정을 '빌둥'이라고 부른다.

이후 세속화•가 일어나면서부터는 신이나 그리스도 없이 빌둥을 말했다. 그것은 "한 사람이 참된 자기의 모습을 갈고 닦는 주체적이고 역동적인 과정을 가리"키는 도야(陶冶)이자, "그 과정이 이루어낸 지적 · 문화적 결과의 총체를

● '세속화'는 본래 서양 역사에서 교회나 수도원의 재산이 비종교인들에게 넘어가는 것을 가리키는 말이었다. '세속적'은 일상에서 부정적인 뜻으로 사용되는 경우가 많지만 종교학의 영역에서 그 단어는 성(聖)의 상대어일 뿐이다. 성이 비일상적인 영역을 뜻한다면 속(俗)은 일상적 영역을 가리킨다.

의미"하며, "제도적·행정적 차원에서 사람을 키우는 일과 관련한 뜻"이기도 하고, "일상 표현에서는 어떤 사물이나 조직의 형태를 갖춘다는 의미에서 형성(形成)"을 의미하기도 한다.●

그리스도교 전통에서 인간의 이상적인 모습인 '신의 형상'에 관해서는 이미 《잠언》에서 다루었다. 조금 더 설명하자면 그것은 신과 닮았다는 뜻이고, 이는 신의 위엄과 속성, 그리고 권한과 책임을 나누어 받은 파트너임을 의미한다. 그리스도교는 신의 형상의 절정, 다시 말해 인간-예술의 최고 형태로 예수 그리스도를 제시한다. 그는 모든 인간의 모범이며, 신의 형상을 온전히 구현했다.

바울의 저작으로 알려진 《골로새서》에 이런 구절이 있다. "그는 보이지 않는 하느님의 형상입니다."(골 1:15) 그리스도교는 눈에 '보이지 않는' 신을 경배하고 따르는 데서 오는 한계를 '보이는' 예수를 통해 극복한다. 예수는 여느 인간과 다르지 않다. 그는 인간의 '형제자매'이며, 신의

● 프리드리히 슈바이처, 손성현 옮김, 《그리스도교 교양-사람은 어떻게 빚어지는가》, IVP, 2023, 268~269.

맏아들이다. 신은 사람들이 자신의 형상, 구체적으로는 예수인 '자기 아들의 형상'과 같은 모습으로 변화하도록 한다.(롬 8:29) '변화하다'는 헬라어 '쉼모르포스(σύμμορφος)'의 번역인데, '쉼'은 '함께'를, '모르포스'는 '형태'를 의미한다. 그러니 이 단어는 '같은 형태를 갖다' 혹은 '형태나 본성에서 유사하다'를 의미한다.

인간이 신의 형상, 곧 그리스도의 형상으로 변화하는 것은 이른바 '부활'의 형상으로도 표현된다. 부활은 흔히 죽은 사람이 다시 살아나는 것으로 이해한다. 아주 틀린 말은 아니지만 부활의 핵심을 충분히 전달하지 못한다. 부활은 온전히 신과 더불어 사는 삶이고, 이를 위해 인간은 신의 형상으로 변화할 필요가 있다. 우리가 활활 타는 불에 가까이 갈 수 없듯, 불에 비견할 수 없이 압도적 경외의 대상인 신에게 인간은 쉽게 접근할 수 없다. 유대교 전통에서 심지어 천상의 존재인 천사들도 신 앞에서는 그의 영광을 감당하지 못해 얼굴을 가린다. 하여 부활의 삶은 '하늘에 속한 그리스도의 형상'을 입고 나서야 가능하다.(고전 15:49) 신약성서 곳곳에 이런 사상이 스며 있다. 아래 몇 개의 성서 본문은 그 일부다.

≪

이 조각상은 미켈란젤로의 노예(혹은 수감자) 연작 중 하나인 〈깨어나는 노예〉(1525-1530, 267cm, 대리석, 피렌체 갈레리아 델 아카데미아)다. 이 연작은 이른바 '미완성(non finito)'들인데, 이것은 미켈란젤로의 작업 방식을 알려줄 뿐만 아니라 미완성이기에 도리어 완성된 명작으로 평가받는다.

미켈란젤로는 감법 기법의 대가였다. 그는 자기 앞에 놓인 대리석에서 그 대리석이 품고 있는 형상을 '보았다'. 조각가가 할 일이란 그 형상을 해방시켜주기 위해 불필요한 부분을 깎아내는 것이다. 노예는 주인에게 매여 있다. 노예는 자신을 온전히 살아가지 못하게 만드는 억압에서 해방되기 위해 격렬하게 몸부림친다.

이 작품은 인간, 그리고 인간의 삶과 정신이 해방을 위해 자신을 옭아매는 것을 깨치고 나오라고 격려하는 듯하다. 아직 노예는 대리석과 '한 몸'이다. 비록 지금은 한 발에 모든 체중을 의지해야 하고, 등 전체가 대리석에 붙잡혀 있지만, 그는 깎아내고 깎아내어 자신을 옹글고 단단하게 구현해야 한다. 우리는 자기 삶에 무엇인가를 보태는 '가법'으로 살아가려 하지만 찬찬히 우리 삶을 조망하면 덜어내고 깎아내는 '감법'만큼 나를 해방시켜 주는 것은 없다. 또 그제야 내 삶에 정말 중요한 게 무엇이고, 없어도 되는 게 무엇인지를 알 수 있다. 몸에만 다이어트가 필요한 게 아니라 삶 전체가 충분하고 아름다워지기 위해 감법을 시행해야 할 때가 있다.

《고린도후서》(3:17-18): 주님은 영이십니다. 주님의 영이 계신 곳에는 자유가 있습니다. 우리는 모두 너울을 벗어 버리고, 주님의 영광을 바라봅니다. 이렇게 해서, 우리는 주님과 같은 모습으로 변화하여, 점점 더 큰 영광에 이르게 됩니다. 이것은 영이신 주님께서 하시는 일입니다.

《골로새서》(3:10): 새 사람을 입으십시오. 이 새 사람은 자기를 창조하신 분의 형상을 따라 끊임없이 새로워져서, 참 지식에 이르게 됩니다.

《베드로후서》(1:3-4): 하느님께서는, 우리가 그를 앎으로 말미암아 생명과 경건에 이르게 하는 모든 것을, 그의 권능으로 우리에게 주셨습니다. 하느님은 우리를 부르셔서 그의 영광과 덕을 누리게 해주신 분이십니다. [4] 그는 이 영광과 덕으로 귀중하고 아주 위대한 약속들을 우리에게 주셨습니다. 그것은 이 약속들로 말미암아 여러분이 세상에서 정욕 때문에 부패하는 사람이 되는 것이 아니라, 하느님의 성품에 참여하는 사람이 되게 하시려는 것입니다.

비그리스도인들이나 무신론자들 혹은 비종교인들은 자신의 삶을 예술로 형상화하는 게 빌둥의 목표이자 지혜의 궁극적 목표라는 내 설명을 받아들일 수는 있어도, 그것이 신과 같이 변화하는 것을 뜻한다는 그리스도교 전통의 표현을 쉽게 납득하진 못할 수도 있다. 그리스도교 세계관을 수용하지 않는다 해도 다행히 이것의 의의를 세속화된 방식● 혹은 다른 종교의 방식으로 설명할 수 있다.

● 앞의 각주에서 세속화에 관해 설명한 바 있다. 신이나 신앙에 관한 언급 없이 종교 및 이와 관련한 무언가를 설명하는 방식을 나는 '세속화된 방식'이라고 부른다.

위기지학과 위인지학

공자는 《논어》에서 "옛날 학자들은 자기를 위해 배웠지만, 지금의 학자들은 타인을 위해 배운다(古之學者爲己 今之學者爲人)"라고 말하며 배움을 두 종류로 구분했다. 이 말은 언뜻 이해되지 않는다. 공자가 옛것을 칭송했다는 점을 감안하면 그는 동시대 사람들을 비판한다는 뜻인데, '남을 위한 공부'가 비판받을 일인지 의문이 든다. 흔히들 '공부해서 남주자'라고도 하지 않는가.

주자는 이 문구를 그의 《집주(集註)》에서 다음과 같이 해설한다. "자기를 위한 배움은 내게 쌓아가는 것이며, 남을 위한 배움은 남에게 알려지기를 바라는 것을 의미한다. 또 옛 학자들은 자기를 위한 배움을 통해 성물(成物)에 이르렀지만, 지금의 학자들은 남을 위한 배움을 통해 자기를 잃어버렸다(爲己 欲得之於己也 爲人 欲見知於人也 程子曰 古之學

者爲己 其終至於成物 今之學者爲人 其終至於喪己)." 성물은 어려운 처지에 있는 사람에게 은혜를 베풀고(惠), 떳떳하게 공공의 일을 수행해(義) '다른 사람을 이루어 줌'을 뜻한다. 성물은 공(恭)과 경(敬)을 통한 자기 이룸, 곧 성기(成己)와 대칭을 이루는데, 주자는 위기지학(爲己之學)이야말로 성물로 가는 길이라고 설파한다.

반면 공자는 남을 위한 배움 혹은 주자의 해설대로 남에게 보이기 위한 배움은 남을 위하기는커녕 자신을 잃어버리게 한다고 주장한다. 그럴 것이다. 남의 시선에서 자신을 평가하는 삶을 반복한다면 의미와 품격과 아름다움을 향유할 자아를 상실하고 만다. 만약 공명심이라도 끼어들거나, 타인을 위한 헌신에서 오는 사람들의 칭송과 유무상의 대가가 올곧은 '나'를 잃게 만들 수 있다. 반면 자기를 위한 배움은 수양과 반성의 과정에서 자기를 이뤄 혜(惠)와 의(義)를 깨닫고 실천하도록 도와 다른 사람도 이루어 주는 데 기여한다는 게 유학의 가르침이다.

쉼 없이 자신을 단단하게 하고, 너그럽고 포용력 있게 다른 사람을 대할 수 있는 '군자(君子)'는 위기지학으로 이루어진다. 위기지학을 문자적으로 읽으면 이기적이거나 자기중심적으로 보이나 실상 이것은 남의 시선에 휩쓸리지 않고 자기완성의 가치를 강조하는 것이라 할 수 있다. 또 위기지학은 위인지학(爲人之學)이 빠질 수 있는 실용성과 이득에 관한 집요한 관심을 저지할 수 있다.

이익과 손실, 실용과 무용의 관점은 매우 유혹적이기에 여기에 한 번 물들면 그것에서 벗어나기가 어렵다. 다른 사람의 이익을 위한 공부를 한다는 것은 오늘날 많은 사람의 칭송을 받을 만한 일이고, 그것을 자기 학문의 사명으로 여기는 학자를 보면 우리는 그를 존경하게 된다. 공자 역시 이를 부정하는 것은 아니다. 그러나 그런 대의(大義)의 틈에 민중에게 무엇이 유익이고 손실인지를 계산하는 과정이 필연적으로 자리하고, 그 계산은 한 사람의 시선과 관심을 유불리, 효용성, 효율성 등에 매몰되게 한다. 결국 이런 사유의 습관은 그런 가치 기준이 적용되어서는 안 되는 곳에까지 판단의 일차적 기준으로 들어선다. 이는 결국 '자기 상실'로 이어지게 마련이다.● 이에 관해 예수의 한 비유를

● 위기지학과 위인지학에 관해 더 살펴려면 '김동인, 〈위기지학(爲己之學) 위인지학(爲人之學)〉, 《교육사학연구》 11권, 2001, 53-70'을 보라.

떠올려 보자.

예수는 동시대 대부분의 사람이 반사회적 존재로 여기던 세금징수업자 및 죄인들과 함께 밥상을 나누면서 그들을 공동체 내로 회복시키려 했다. 반면 율법적 질서를 유지하고자 했던 당시 특정 분파의 지식인들은 예수의 이런 언행을 비판했다. 이에 예수는 한 가지 비유를 들었다.(눅 14:4-7)

> "너희 가운데서 어떤 사람이 양 백 마리를 가지고 있는데, 그 가운데서 한 마리를 잃으면, 아흔아홉 마리를 들에 두고, 그 잃은 양을 찾을 때까지 찾아다니지 않겠느냐? 찾으면, 기뻐하며 자기 어깨에 메고 집으로 돌아와서, 벗과 이웃 사람을 불러 모으고, '나와 함께 기뻐해 주십시오. 잃었던 내 양을 찾았습니다' 하고 말할 것이다. 내가 너희에게 말한다. 이와 같이 하늘에서는, 회개할 필요가 없는 의인 아흔아홉보다, 회개하는 죄인 한 사람을 두고 더 기뻐할 것이다."

양 한 마리를 잃어버렸다고 들짐승과 도둑들이 언제

출몰할지 모르는 들에 아흔아홉 마리 양을 방치하고 그 한 마리 양을 찾아 헤매는 목자가 있다고 치자. 그 사람은 정말 이득과 손실, 효율을 계산하지 못하는 사람이다. 그러나 그 목자는 양 '한 마리'의 목숨과 양 '아흔아홉 마리'의 목숨을 쉽게 계산하지 못한다. 혹은 계산하지 않는다. 목자가 어리석어 보이지만 이 비유를 다른 방식의 질문으로도 만들 수 있다. "이 길로 가면 한 사람을 살릴 수 있고, 다른 경로를 선택하면 두 사람을 살릴 수 있는데 어느 길로 갈 것인가?" 이 질문을 실제로 내가 가르치는 학생들에게 했더니, 한 사람의 생명보다 두 사람의 생명이 더 많으니 그쪽으로 가야 한다고 손을 든 학생들이 대다수였다.

손을 든 학생들에게 나는 다시 질문했다. "그렇다면, 건강한 사람 한 명의 목숨을 희생시켜 다섯 명의 목숨을 살릴 장기를 제공하는 것은 어떻습니까?" 이번에는 학생들이 쉽게 그렇게 해야 한다고 답하지 못했다. 사람의 생명에 관해서는 하나, 둘, 셋, 넷이 없다. 이것이 생명은 절대적 가치를 지녔다는 의미다. 무엇이 절대적 가치를 지녔다는 말은 그것은 계산의 대상이 아니라는 뜻이다. 이 세상에는 이득과 손실, 효율성으로 계산되지 않는 게 있다. 바로 이

'믿음'이 인간 사회를 유지한다. 예수의 비유는 이 계산되지 않는 게 무엇인지, 그런데도 그것을 계산하고 있는 우리는 누구인지를 일깨운다.

우리는 《잠언》을 통해 삶의 의미를, 《욥기》를 통해 삶의 품격을, 《전도서》를 통해 삶의 아름다움을 논의했다. 이 모든 것은 무의미-비천함-추함에서 허덕이는 '나'를 의미-품격-아름다움으로 형상화하는 데 필요한 지혜를 준다. 이 지혜의 길을 따르는 과정이 빌둥이며 위기지학이다. 이는 결코 이기적이거나 자기중심적 혹은 자기탐닉의 협애한 자아를 위한 게 아니다. 《야고보서》는 자신을, 자신의 삶을 예술로 형상화하는 지혜를 가르친다.

《야고보서》 개관

《야고보서》는 권위를 가진 인물이 공동체가 모일 때 회중 앞에서 읽도록 고안된 편지다. 이것은 이전의 지혜문학과는 달리 공동체의 상황을 알아야 그 메시지를 충분히 이해할 수 있다는 의미다. 그러나 여기에서는 필요한 사항만을 간략하게 다루려 한다.● 《야고보서》는 "안녕하십니까? 하느님과 주 예수 그리스도의 종인 야고보가 흩어져 사는 열두 지파에게 편지를 보냅니다"(1:1)●●라고 시작한다. 저자는 자신을 '하느님과 주 예수 그리스도의 종 야고보'로 소개하는데, 전통적으로 '예수 그리스도의 동생 야고보'가 저

● 《야고보서》를 더 알고 싶다면 졸저인 김학철의 《야고보서》(대한그리스도교서회, 2014)를 참조하라. 이후의 논의는 이 책의 내용에서 빚진 바 있으나 문자적인 인용을 하는 경우가 아니기에 굳이 각주를 달지 않는다.
●● 《야고보서》 본문은 내가 번역한 것이다.

자로 알려져 있다. 그는 예수가 활동할 당시에는 예수를 그리스도로 믿지 않았다. 그러나 예수의 부활 이후 그는 예루살렘에서 막강한 영향력을 발휘한 초기 그리스도교의 지도자가 되었다. 그의 별명은 '의로운 사람', 곧 유대교의 율법을 철저하게 준수하는 사람이었고, 서기 62년 당시 유대교의 대제사장 안나스가 그를 처형했다고 전해진다.

현대 학자들은 여러 이유를 들어 그가 《야고보서》의 저자가 아니라고 주장한다. 저자가 예수의 동생 야고보인지 아닌지는 서신 해석의 결정적인 문제는 아닌 듯하다. 그가 유대교적 전통에 따라 한 공동체에 권위를 가지고 여러 가르침과 훈계를 할 수 있는 지도자였다는 것을 알아도 《야고보서》 해석에 큰 문제는 없기 때문이다. 예수의 동생 야고보가 저자라면 《야고보서》의 저작 시기는 62년 이전일 터이고, 그가 아니라면 62년 이후일 가능성이 크다.

수신인은 '흩어져 사는 열두 지파'다. '흩어져 사는'은 문자적으로 디아스포라(diaspora)다. 이 단어는 자기 고향에서 떠나 다른 지역에서 권리 없는 외국인으로 사는 형편을 가리킨다. 유대-그리스도교 전통에서 이 표현은 더 깊은 의미를 품고 있다. 이것은 이 땅에 어떤 소속감을 갖고 있지 않은, 다시 말해 체제에 포섭되지 않고 살고자 하는 그리스도인 전체를 가리킨다. 그리스도인들은 이 땅에 그들의 존재를 모두 맡겨두지 않는다. 따라서 비그리스도인들이 보기에 그들은 '방랑하는' 이들이다. 이 '방랑'은 정처 없이 떠도는 것과는 다르다. '열두 지파'라는 표현이 이를 담고 있다. '열두 지파'는 이스라엘의 신 야웨와 계약을 맺은 이스라엘을 뜻한다.

이집트 탈출을 다룬 구약성서 《출애굽기》에 따르면 야웨는 모세를 통해 이집트 고센 지역에서 고통받던 하층 계급의 '히브리'인들을 구출한다. 그리고 시나이 산에서 야웨 자신은 그들의 신이 되고, 그들은 야웨의 백성이 되는 계약을 맺는다. 이 계약 시 야웨는 탈출한 히브리인들을 '이스라엘'이라고 새롭게 부른다. 이스라엘은 '열두 지파'로 구성되는데, 《야고보서》 저작 당시 열두 지파는 오래전에 사라졌다. 아시리아 제국과 바빌로니아 제국 등 열강의 침략으로 열두 지파는 '흩어진' 신세가 되고 만 것이다.

예루살렘에 터 잡고 사는 열두 지파 중 한 지파인 유대 지파에 속한 유대인들에게 '열두 지파'는 언젠가는 회복되어야 할 영광스러운 신의 백성을 뜻하는 말이었다. 따라서 저자가 수신인을 '흩어져 사는 열두 지파'라고 부를 때, 수신인들은 자신들이 지금 이곳을 지배하는 체제에 얽매이지 않으며 동시에 신과 더불어 사는 사람들이라는 자부심과 각오를 다져야 했을 것이다. '흩어져 사는 열두 지파'는 수신인이 처한 어려운 현실과 높은 이상을 적절하고 훌륭히 표현한 것이다.

인사 이후 저자는 서신 전체를 요약할 만한 문장을 이렇게 쓴다.(1:2-4)

> ² 형제자매 여러분, 여러분이 여러 가지 시험을 겪을 때 그것을 모두 기쁨으로 생각하십시오. ³ 여러분은 믿음이 시련을 거치면서 인내가 생긴다는 것을 알고 있습니다. ⁴ 인내를 한껏 발휘하십시오. 그리하여 모자람 없이 옹글고 단단한 사람이 되도록 하십시오.

수신인은 '시험'을 겪었고, 지금도 겪고 있다. '시험'으로 번역된 헬라어 '페이라스모스(πειρασμός)'는 한 사람이나 사물의 진위를 확인하기 위한 과정을 가리킨다. 우리말 '시험' 그대로 가령 어떤 사람의 됨됨이를 드러나게 하는 고통스러운 사건이 '페이라스모스'다. 시험이 달가운 사람은 없다. 그러나 저자는 시험을 두려워하거나 피하는 대신 흩어져 사는 열두 지파가 자신을 정련하고 그 뜻을 확고히 하는 기회로 삼으라고 격려하며 시련 '모두'를 기쁘게 여기라고 한다.

그때나 지금이나, 여기나 저기나 인간 삶에 '내가 누구인지'를 드러내야 할 사건들이 생기기 마련이다. 야고보는 시련을 거치면서 수신인들이 덕을 쌓아 가기를 바란다. 그중에서 그가 강조하는 덕목은 인내다. 인내는 그저 이를 악물고 견뎌내는 것 이상이다. 그것은 상황에 압도당하지 않고, 자신에게 주어진 사명과 희망을 놓치지 않는 것을 뜻한다. 생각해 보면, 인내가 사명과 희망을 가져다주는 게 아니라 사명과 희망이 있는 사람이 인내할 수 있다. 동시에 이 거룩한 인내는 이를 행하는 사람에게 '덕'을 가져다 준다. 상황에 매몰된 채 체념과 불평 속에 견디는 것은 야고보가 보기에 인내가 아니다. 그것은 삶의 방기(放棄)이며 이는 도리어 그 사람의 됨됨이를 사납게 만들 뿐이다.

야고보는 자신이나 수신인들에게 닥쳐오는 (단 한 가지가 아니라) 여러 가지 시련을 피하게 해달라고 신께 기도하라고 하지 않는다. 대신 그는 여러 시련을 통해 '하느님의 형상'(3:9)을 구현하는 "모자람 없이 옹글고 단단한 사람이 되"라고 격려한다.

'옹글고 단단한'은 헬라어 '텔레이오스(τέλειος)'와 '홀로클레로스(ὁλόκληρος)'를 각각 번역한 것이다. 이것은 예수가 "하늘에 계신 너희 아버지의 온전하심(텔레이오스)과 같이 너희도 온전하라"(마 5:48)라고 가르칠 때의 그 단어다. 신과 같은 성품에 이르는 것이다. 또 바울이 "평화의 하느님께서 친히, 여러분을 완전히(홀로클레로스) 거룩하게 해 주시고, 우리 주 예수 그리스도께서 오실 때에 여러분의 영과 혼과 몸을 흠이 없이 완전하게 지켜 주시기를 빕니다"(데살로니가전서 5:23)라고 하면서 그리스도인의 성숙과 거룩함을 완성하라는 가르침과도 상응한다.

우리나라 유불선(儒佛仙) 전통에서는 참 인간됨의 표상으로 군자(君子), 각자(覺者), 선인(仙人) 등을 제시하는데, 삶의 기술로서 지혜의 궁극을 야고보는 '옹글고 단단한 사람'으로 표현한다. 《야고보서》는 이런 목표에 도달하기 위한 덕목과 기술과 방식과 태도 등을 제시한다. 하여 이 서신을 아래와 같은 구조로 파악할 수 있다.

1. 야고보가 제시하는 이상적 인간-옹글고 단단한 사람 (1:4)

    -하느님의 벗(2:18-26)

    -농부(5:7)

2. 이상적 인간 역시 시험을 겪지만 '인내'를 한껏 발휘하며 덕을 쌓는다.(1:2-4, 2:21-22, 5:7)

3. 그는 인내하면서 이른 비와 늦은 비, 곧 하느님의 은혜를 기다린다.(1:5-7, 16-27; 3:13-18, 5:7)

4. 그는 은혜와 지혜를 전체 삶으로 확장하고 적용하려 한다.(1:22-25, 2:8-13, 14-17, 5:1-6, 13-18, 19-20)

5. 그는 이 땅에 함몰되지 않는다.

    -빈부의 문제(1:9-11, 2:1-7, 5:1-6)

    -하느님이 아니라 자신의 욕심이 우리를 시험에 빠지게 한다.(1:12-18, 4:1-5, 6-10, 13-17)

    -자신의 성정을 통제하라.(1:19-21, 26-27, 3:1-11, 4:11-12, 5:12)

6. 그는 완성의 날이 오기를 기다린다.(5:7-11)

하느님의 벗이자 농부

야고보는 '옹글고 단단한 사람'이라는 구체적인 이상적 인물을 아브라함, 그리고 모범적으로 자신의 업을 수행하는 농부를 통해 구체화한다.(야 2:21-24)

> [21] 우리 조상 아브라함은 아들 이삭을 제단에 올려놓는 실천을 통해 의롭게 되지 않았습니까? [22] 그대는 지금 믿음이 그의 실천과 함께 활동한다는 것과 실천으로 믿음이 완전하게 되는 것을 보고 있습니다. [23] 이렇게 해서 '아브라함이 하느님을 믿었고, 그가 의롭다고 인정받았다'라는 성경의 말씀이 이루어졌습니다. 그는 하느님의 벗이라고 불렸습니다. [24] 여러분들은 지금 실천하여 사람이 의롭게 되는 것이지 믿음만으로 그렇게 되지 않는다는 사실을 보고 있습니다.

세계 인구 중 그리스도교는 약 32퍼센트, 이슬람은 약 23퍼센트로 추정된다. 둘을 합치면 전 세계 인구의 절반이 넘는다. 크게 달라질 것은 없지만 그 숫자에 유대교인 0.1퍼센트를 합친 인구가 모두 아브라함을 자신의 '조상'으로 부른다. 그가 그런 명예로운 지위에 오른 것은 그가 '소유' 한 것 때문이 아니었다. 그는 나라를 세운 국부(國父)의 권력도, 대단한 재산도, 인류를 깨우친 지식도, 영감과 재능을 꽃피운 예술도 소유하지 못했다. 그는 평생 정착하지 못한 채 이동하면서 자기 이름으로 된 땅도 없이 그저 가족 무덤 자리를 구할 수 있었다.

자기 아내를 욕심내는 권력자에게 목숨을 잃을까 봐 아내를 누이라고 속여 위험을 피하고자 했다. 그러니 이른바 권력, 부, 재능, 덕성 등에서 압도적이지 않은 그가 '조상'으로 칭송되는 일은 의아할 수 있다. 나아가 '아브라함의 품'은 저승에서 죽은 자 가운데 복을 누릴 사람이 안길 곳으로 은유적으로 등장하기도 하니(눅 16:22) 의아함은 더해진다. 야고보는 크게 주목할 만한 점이라고는 없는 아브라함을 '하느님의 벗'••이라고 소개한다.

평범한 아브라함이 하느님의 벗으로 거듭나게 된 계기

는 그가 뛰어난 인물이었기 때문이 아니라 하느님이 먼저 그를 선택했고, 그가 신실하게 그 선택에 부응했기 때문이다. 야웨는 다른 곳에서도 자신의 백성을 선택할 때 같은 태도를 유지한다. 모세는 야웨가 선택한 이스라엘 사람들에게 이렇게 말한다(《신명기》7:6-9).

> ⁶ 당신들은 주 당신들의 하느님의 거룩한 백성이요, 주 당신들의 하느님이 땅 위의 많은 백성 가운데서 선택하셔서, 자기의 보배로 삼으신 백성이기 때문입니다. ⁷ 주님께

● 야고보가 다루는 아브라함 이야기는 《창세기》 15장에 나오는데, 그곳에는 '하느님의 벗'이라는 구절이 없지만 구약성서의 다른 곳에서 아브라함은 그와 같이 불린다.(역대 하 20:7, 이사야서 41:8) 학자들은 대개 '하느님의 벗'이라는 칭호를 신과 아브라함 사이의 인격적인 친밀함이라고 해석한다. 친구는 기쁨과 슬픔을 나누고, 서로를 격려하고 위로하며 삶을 함께한다. 신과 아브라함이 그런 관계라는 것이다. 이런 해석이 틀린 것은 아니다. 그러나 고대 근동 세계에서 신이나 왕의 '친구'라는 것은 그런 개인적인 밀접함에 머물지 않는다. 왕의 친구는 왕의 권력을 부분적으로 나누고 책임도 함께 지는 계약관계를 뜻하기도 한다. 가령 제국의 황제는 한 지방의 통치자를 자신의 '친구'라고 부를 수 있다. 이때 '친구'는 정치적 동맹관계 혹은 신의 있는 종속관계를 의미한다. 《이사야서》나 《역대지 하》에서 '하느님의 벗 아브라함'을 부르는 맥락은 모두 이스라엘의 신 야웨가 택한 백성이 위험과 곤경에 처했을 때 이스라엘이 하느님의 백성이고 그들이 구원과 희망을 얻을 것이라는 맥락이다. 따라서 아브라함의 '하느님의 벗'이라는 칭호는 신과 내적인 친밀함뿐 아니라 신의 편에 서서 권리와 책임을 수행함을 뜻한다.

서 당신들을 사랑하시고 택하신 것은, 당신들이 다른 민족들보다 수가 더 많아서가 아닙니다. 오히려 당신들은 모든 민족 가운데서 수가 가장 적은 민족입니다. [8] 그런데도 주님께서는 당신들을 사랑하시기 때문에, 당신들 조상에게 맹세하신 그 약속을 지키시려고, 강한 손으로 당신들을 이집트 왕 바로의 손에서 건져내시고, 그 종살이하던 집에서 이끌어 내어 주신 것입니다.

야웨가 아브라함이나 이스라엘을 선택한 이유는 그들이 '잘나서'가 아니라 야웨가 사랑했기 때문이다. 책의 앞부분에서 소개한 윤동주의 〈서시〉를 다시 떠올려 보자. 윤동주는 우주의 근원에 사랑이 있음을 노래했다. 그가 노래하고자 한 별은 '모든 죽어가는 것'을 사랑하게 만드는 사랑의 원천이다. '옹글고 단단한 사람'은 자신의 출발점이 자신의 '잘남'이 아니라 '사랑받음'임을 깨우친다. 이것은 계급주의나 능력주의에 모두 반대하는 것이다.

계급주의적 사고는 사람이 다 같은 사람이 아니고 출신 성분에 따라 계급이 나뉘고, 그것이 '자연스럽다'라고 여긴다. 계급주의자들은 신적 존재가 누군가에게는 특권을, 누군가에게는 고생을 배분했다는 '신화'를 구축한다. 이 계급주의에 반대하는 능력주의적 사고도 있다. 이에 따르면 개인의 '능력'에 따라 보상이 이루어져야 한다. 따라서 누군가가 성공했다면 이것은 그 능력과 노력에 대한 보상이기에 그것을 자연스럽고 당연하게 여겨야 한다. 이 역시 '능력주의의 신화'를 만든다. 그러나 근래 나오는 여러 책을 구체적으로 언급하지 않더라도 우리는 능력주의의 허구를 안다. 누군가의 능력도, 누군가에게 주어지는 기회도 동등하지 않다. 능력주의는 성공한 사람들의 자기 정당화 이데올로기이며, 능력주의가 가져온 개인과 사회의 폐해 역시 적지 않다.

계급주의, 능력주의 모두 특권과 보상에 삶의 초점이 맞춰져 있다. 그들이 살아가는 세상은 권리와 이득을 놓고 벌이는 경쟁의 장이다. 그러나 성서의 근본적 주장은 아브라함이나 이스라엘 모두 사랑 속에서 선택되어 그 진정한 삶을 시작했다는 것이다. 이는 흔히 '당신은 사랑받기 위해 태어'났다는 것을 말하기 위함이 아니다. 어떤 노력에 대한 대가 없이 먼저 사랑받고 선택되었다는 인식은 그의 존재가 사랑으로 구성되었고, 그 본질이 사랑을 구현하는 것임을 일깨운다. 다시 윤동주의 시구를 빌리자면 '모든 죽어가는 것'을 사랑하는 삶이다. 아브라함이나 이스라엘 모두 사랑 속에서 선택되었다. 그렇기에 그 사랑에 반응하며 사랑을 연료로 살아가는 것이다. 아브라함은 신이 자신을 사랑 속에서 선택했음을 알았고, 그 사랑이 명령하는 바를 실천하려 했다.

《창세기》22장에서 신은 아브라함을 '시험(πειράζω, 페이라조)'하고자 한다. '시험'은 1장 2절에서 설명한 대로 시험에 든 사람의 됨됨이나 진실됨을 확인하기 위한 과정이다. 아브라함은 수행이 불가한 하느님의 명령을 받는다. "너의 아들, 네가 사랑하는 외아들 이삭을 데리고 모리아 땅으로 가거라. 내가 너에게 일러주는 산에서 그를 번제물로 바쳐라."(22:2) 신이 바치라고 한 외아들 이삭은 다름 아닌 신 자신이 약속한 아들로서 기적적으로 태어났다. 약속한 아들을 통해 많은 자손을 주겠다는 말도 신 자신이 했다. 신은 사랑해서 아브라함을 택했는데, 아브라함이 사랑하는 아들을 죽여 번제물로 바치라는 것은 신의 자기모순이다. 야웨는 인신제사를 끔찍한 것, 자기의 뜻에 반하는 것으로 명령을 내렸고, 인신제사는 우상이나 요구하는 것

이라고 알려주었다.●

　아브라함은 신의 자기모순적 명령을 받은 이후 어떤 말도 하지 않는다. 그의 속내가 무엇인지를 알 수 있는 언급은 성서에 없다. 그는 그저 이 명령을 수행하러 간다. 아들 이삭을 '묶어서(עקד, 아케다)' 제단 장작 위에 올려놓는다. 아브라함은 이삭을 칼로 죽이려 했고, 그때 다급하게 천사가 나타나 그를 제지했다. 천사는 근처에 있는 숫양을 잡아 제물로 바치라고 말하고 아브라함은 그렇게 했다. 이 일은 흔히 '아케다'로 불리며 수많은 해석과 논쟁을 낳았다. 이 이상하고 고통스럽고 이해하기 어려운 이야기는 독자들을 '묶고' 한치도 보내주지 않는다. 여기서 '아케다' 이야기를 풀이하진 않겠다. 다만 야고보가 아케다를 인용하는 이유를 말하고자 한다. 야고보가 강조하고자 하는 것은 옹글고 단단한 하느님의 벗 아브라함이 '생각'만 하지 않고, 그렇게 살려고 했다는 것이다.

　아케다 이야기가 나오기 전 《야고보서》 2장 14-17절

● 정일승, 〈구약성서와 한국 전통 설화에 나타난 인신제사의 종교적 심층구조에 대한 구조주의 해석: 창세기 22장과 《손순매아(孫順埋兒)》 설화를 중심으로〉, 《구약논단》 29, 2023, 358-390.

을 보면 쉽게 알 수 있다. 그곳에서는 한낱 '믿음'이 있다고 말하는 것으로는 충분하지 않다는 것을 강조한다. 추위와 배고픔으로 고통받는 사람에게 '평안히 가서 몸을 따뜻하게 하고 배불리 드시오'라고 말해 보았자 떨고 있는 그에게 어떤 도움도 되지 않는다. 다시 말해 그가 옷과 음식이 필요하다는 것을 '인지'하고, 그것을 챙기라고 그에게 '권하는 것'으로는 충분하지 않다. 실제로 그에게 필요한 것을 주어야 한다. 야고보는 아브라함이 하느님의 벗으로 불리는 이유는 그가 신의 사랑으로 선택받았고, 그것을 '인지'하는 데 머문 게 아니라 불가능해 보이는 가운데서도 그 사랑에 반응하며 살려 했기 때문이라고 가르친다. 이런 해석은 아케다에 대한 의문을 다 풀어주지 않는다. 다만 '사랑'이라는 맥락에서 이 이야기가 '사랑의 맹목성'을 강조하는 것이라고 생각해 볼 수 있다. 서양 회화에서 눈을 가린 채 등장하는 신들이 있다. 정의의 여신 디케, 운명의 여신 포르투나, 그리고 사랑의 신 큐피드다. 디케는 공정과 정의를 위해 법 앞에 선 사람의 신분과 지위에 눈을 감은 채 판결한다. 포르투나 역시 상대가 누구이건 운명의 굴레에 그를 묶는다. 큐피드는 사랑에 빠진 사람의 눈을 가리게 하여 진리와 거짓, 선과 악, 아름다움과 추함을 분간하지 못하도록 한다. 아케다 이야기의 신이나 아브라함 모두 사랑의 맹목성을 보여준다.

야고보는 '농부'를 통해 다른 방식으로 이상적 인간형을 설명한다.(5:7-11)

[7] 그러니 형제자매 여러분, 주님이 강림하실 때까지 참고 견디십시오. 보십시오! 농부는 이른 비와 늦은 비가 내릴 때까지 참고 견디면서 땅의 값진 열매를 기다립니다! [8] 그러니 여러분도 참고 견디십시오. 여러분의 마음을 굳세게 하십시오. 주님의 강림이 가까이 왔습니다. [9] 형제자매 여러분, 심판받지 않으려거든 서로를 향해 탄식하지 마십시오. 보십시오! 심판하시는 분이 문 앞에 서 계십니다. [10] 형제자매 여러분, 고난을 겪고 참고 견디면서 주님의 이름으로 말씀을 전한 예언자들을 본보기로 삼으십시오. [11] 보십시오! 우리는 참고 견딘 사람들을 복 있는 사람이라고 부를 수 있습니다. 여러분은 욥의 인내에 대해서 들었고 주님이 마지막에 그에게 어떻게 하셨는지를 보았습니다. 주님은 넘치는 연민과 자비가 있는 분이십니다.

이 단락에서 농부는 몇 가지 덕목을 지닌 인물로 등장한다. 그는 '이른 비와 늦은 비가 내릴 때까지 참고 견'딘다. 이른 비와 늦은 비는 팔레스타인 지역의 농사와 기후를 알면 더 생생하게 이해된다. 이른 비는 씨를 뿌리고 싹을 틔울 때 필요하다. 생명의 시작에 간절히 내리기를 원하는 비다. 늦은 비는 열매가 맺힐 때, 곡식이 익어갈 때 내리는 비다. 농부는 밭을 갈고, 씨를 뿌리고, 잡초를 뽑고, 열매가 익으면 거두어 곡식과 가라지를 나눈다. 그러나 농부가 비를 내리게 할 수는 없다. 비는 하늘에서 내리고, 농부는 기다릴 뿐이다. 이 기다림은 '참고 견디는' 인내를 필요로 한다. 농부는 모든 일을 다했으나 그는 씨를 틔울 비, 그리고 열매가 익을 때 내리는 비를 간절히 기다린다. 하늘을 넋놓고 바라보는 기다림은 아니다. 그 기다림은 하늘에 자신과 농사의 운명이 달려 있다는 겸손과 수용의 인내 과정이다. 그는 이 모든 일이 이루어지면 얻게 될 땅의 값진 열매를 수확하기를 바란다. 열매가 익어 가는 것과 농부의 품성이 성숙해 가는 것과는 분리되지 않는다. 농부는 귀한 열매를 밭에서도 거두고 자기 자신에게서도 거둔다. 농부는 인내로 '발효'된다.

자기가 할 일을 다하지만(진인사, 盡人事) 비가 내리고 씨가 자라 열매를 맺는 과정은 신과 자연에 달린 일이다(대천명, 待天命). 이 과정에서 농부의 성숙을 해치는 벌레 혹은 잡초를 야고보는 '탄식(στενάζω, 스테나조)'이라고 말한다. 이 단어는 기본적으로 고통과 억압으로부터 자유롭고자 하는 열망에서 나오는 신음 섞인 탄식을 뜻한다. 고통을 겪는 사람이 신음하고 탄식하는 것은 자연스럽고, 그것을 억압하라는 요청은 정당하지 않다. 여기서 야고보가 금지하는 것은 서로에게 절망과 낙담을 불러일으키는 탄식이다. 이것은 현재의 상황 때문에 값진 열매를 포기하는 태도다. 곧 희망의 포기다. 11절에서 말하듯 '넘치는 연민과 자비'의 야웨를 향한 믿음의 실패다.

한번 눈을 감고 지금까지 말한 옹글고 단단한 사람으로 농부를 그려 보자. 햇빛에 그을린 얼굴과 몸, 억센 손, 튼튼한 다리, 이른 비와 늦은 비가 오기를 기다리는 잠잠한 눈, 굳은 희망이 서린 듯한 단단한 이마, 참고 견디며 하늘을 향해 가만히 무릎 꿇은 모습이 떠오른다. 또 '하느님의 벗'도 떠올려 보자. 뛰어난 무엇도 없이 사랑과 배려로 선택된 것을 깊이 감사하며, 그 사랑을 피처럼 자신의 온몸에 곳곳에 돌려 몸과 마음이 동시에 따뜻해진 사람, 춥고 배고파 서러운 사람에게 이런저런 충고를 하고 자기 할 일을 다했다고 돌아서는 대신 자신의 것을 기꺼이 그리고 충분히 나누는 사람이다. 그에게 이것은 그가 어떤 방식으로 존재했는지를 고백하는 과정이다.

오늘의 지혜
이상형과 이상적 인간

'이상형이 어떻게 되세요?"라는 질문은 "바라는 혼인(또는 연애) 상대자는 '어떤 조건'을 가진 사람인가요?"라는 뜻이다. 그 질문에 우리는 신장, 학력, 재산, 직업, 거주지, 성격, 가정 환경, 외모 등등 '조건'을 열거하며 답한다. 이런 '조건'들이 내가 선택할 배우자가 나의 '이상형'인지 아닌지를 결정한다.

한편 우리 시대가 암묵적으로, 또 명시적으로 되어야 한다고 말하는 사람, 곧 이상적인 인간은 누구일까? 몇몇 AI에게 물어보았다. 그 답은 대략 중등 및 고등 교육기관의 교육 목표와 일치했다.

하나는 비판적 사고, 디지털 리터러시, 평생 학습 능력, 공감 능력, 다문화 이해, 창의성, 협업 및 소통 능력 등 지적 능력을 갖춘 사람이다. 다른 하나는 윤리 및 사회적 책임감 등 사회적 능력을 갖춘 사람이다. 이런 말을 들으면 어떤 사람이 떠오르는가?

장 폴 사르트르는 "실존은 본질에 앞선다"라는 말로 인간은 구현해야 할 타고난 본질이 있는 게 아니라 매 순간 자유로운 선택을 통해 '이것이 인간이다'를 선언한다고 했다. 인간에게 어떤 본질이 있고 그것을 구현해야만 한다고 말하면 그것을 '억압'으로 느낄 수 있다. 1960~70년대 교과서 앞에 실렸던 '국민교육헌장'은 "우리는 민족 중흥의 역사적 사명을 띠고 이 땅에 태어났다"라고 시작한다. 누군가 지금 시대에 '우리'가 그런 역사적 사명을 띠고 이를 구현해야 한다고 주장한다면 웃고 말 것이다.

오늘날 '이상적 인간은 누구인가?'라는 질문에 합의를 이루기는 불가능할 것이다. 그러나 인간은 누구이고, 무엇을 지향해야 하며, 그 과정은 어떠해야 하는지를 생각하고 논하지 않는다면 우리는 감각, 쾌락, 상황, 시대 조류에 농락당할 위험에 놓인다. 고전은 그 논의를 하기 위한 출발점으로 혹은 대화 상대자로 여전히 유효한 책들을 가리킨다.

위로부터 오는 지혜와 악마의 지혜

《야고보서》는 옹글고 단단한 사람, 하느님의 벗, 굳센 농부를 이상적 인간으로 제시하면서 그가 얻고 수행하는 지혜를 더 자세히 설명하고, 그 지혜의 세계로 청중들을 초청한다. 야고보는 "여러분 가운데 누가 지혜롭고 현명한 사람입니까?"라고 묻고는 "그 사람은 좋은 행실을 통해 온유한 지혜로 자기 생활을 보여주어야 합니다"(3:13)라고 스스로 답한다. 지혜에도 온유한 지혜가 있고 그렇지 않은 지혜가 있다는 것인데, 야고보는 "위로부터 오는 지혜"와 "땅에 속하고, 세상에 속하고, 악마에게 속한 지혜"가 있다고 단언한다.(3:15) 후자의 지혜는 "지독한 질투와 경쟁심", 그리고 "거짓말"에서 비롯된다. 이것은 결국 "혼란과 모든 악한 행실"로 이어진다. 반면 위로부터 오는 지혜는 사뭇 다르다. 그 "지혜는 먼저 순결하고, 다음에는 평화롭고, 부드럽고, 온순하고, 자비와 선한 열매로 가득하고, 편견이 없고, 위선이 없습니다. 평화를 만드는 사람들이 평화롭게 씨를 심어 정의의 열매를"(3:17-18) 거둔다.

위로부터 오는 지혜와 땅에 속한 악마의 지혜는 '나를 빚어내는 지혜'와 '이기적 나를 확장하는 지혜'라고 달리 표현할 수 있다. 후자의 지혜는 계산하는 능력에 국한된 지혜다. 이것은 내게 유불리, 이득과 손실을 잘 따지는 능력이다. 이런 지혜는 짧은 기간 내게 이득을 가져올 수 있다. 그러나 한 사람이 계속해서 이동하며 주변 사람들을 바꿔 살 수 없다면 자신의 이익만을 우선하는 사람은 먼저 자신을 망치고, 마침내 주변 사람 모두를 공멸하게 한다.

몇 년 전 영국에서 〈골든 볼스(Golden Balls)〉라는 TV 프로그램이 화제를 끌었다. 이 프로그램의 규칙은 간단하다. 두 사람이 게임을 하는데 이 둘은 두 개의 황금 구슬 가운데 하나를 선택할 수 있다. 이 구슬에는 각각 '나누다(split)'와 '훔치다(steal)'가 새겨져 있다. 두 사람 모두 '나누다' 구슬을 선택하면 상금을 반씩 나누어 갖게 되고, 반면 모두 '훔치다' 구슬을 선택하면 상금은 없다. 또 한 사람이 '나누다' 구슬을 선택하고 다른 사람이 '훔치다' 구슬을 선택하면, '훔치다' 구슬을 선택한 사람이 모든 상금을 갖게 된다. 게임을 하는 두 사람은 처음 만난 사이이고 앞으로도 굳이 볼 이유가 없는 이들이다.

가장 확실한 이득은 두 사람이 모두 서로를 믿고 '나누다' 구슬을 택하는 것이다. 그러나 '나누다'를 택하자고 합의해 놓고 한쪽이 배신을 하고 '훔치다' 구슬을 선택하면 '나누다' 구슬을 약속대로 선택한 사람은 상금을 받지 못한다. 그렇게 '훔치다' 구슬을 선택한 사람은 앞으로 상대방을 볼 일이 없으니 굳이 상금을 반으로 나누기보다는 상대방을 기만하는 선택을 할 수 있다. 단기간 그 사람이 어떤 행동을 했는지 알려지지 않은 상태라면 이 사람은 상금을 독차지할 수 있을 것이다. 그러나 장기간 그 사람이 누구인지 노출되면 상대방은 자신도 '훔치다' 구슬을 선택해 그 이기적인 사람에게 상금이 돌아가지 않도록 할 것이다. 자기 이익에 매몰된 사람이 자기 정체가 노출될 때 상대방에게 취할 수 있는 전략이라고는 자신은 무조건 '훔치다' 구슬을 고를 테니 당신은 '나누다' 구슬을 고르라고 공개적으로 말하고 그렇게 되면 자신이 받은 상금의 일부를 나누어줄 테니 그것을 받으라고 하는 것뿐이다. 그렇게 해서라도 얼마간의 상금을 벌어가는 게 더 좋지 않겠냐는 회유를 덧붙이면서 말이다.

이와 같이 자기 이익에 매몰된 사람은 자기는 물론이고 다른 이들에게 돌아갈 가능성이 있는 혜택도 빼앗는 꼴이다. 이것은 게임이고 걸린 것은 '겨우' 상금이지만 만약 현실에서 벌어지는 실제 상황이며 사람이나 사회 및 국가의 운명이 걸려 있다면 '악마에게 속한' 이 지혜가 불러올 '혼란과 모든 악한 행실'을 또렷이 그려볼 수도 있다. 야고보는 4장 1-3절에서도 욕심과 쾌락에 좌우되는 사람이 일으키는 싸움과 분쟁, 이로 인해 발생하는 살인과 파괴적인 질투를 경고한다. 또 그렇게 애써 싸우고 분쟁해도 자신이 원하는 결과를 얻지 못한다고 알려준다.(4:1-3)

[1] 여러분 사이에 싸움은 어디에서 생기고, 분쟁은 어디에서 생기는 것입니까? 여러분 동료 사이에서 싸움을 일으키는 쾌락에서 나오는 것이 아닙니까? [2] 여러분은 욕심을 내지만 가지지 못합니다. 그래서 여러분은 살인하고 질투를 합니다만 얻을 수 없습니다. 그래서 다투고 싸움을 벌입니다. 여러분이 가지지 못하는 것은 하느님께 구하지

않기 때문입니다. ³ 하느님께 구하여도 여러분은 받지 못합니다. 그것은 여러분이 여러분의 쾌락을 위해 쓰려고 잘못 구하기 때문입니다.

싸움을 일으키는 '쾌락'은 그리스어 '헤도네(ἡδονή)'의 번역이다. 이 단어는 쾌락주의를 뜻하는 영어 단어 '헤도니즘(hedonism)'의 어원이기도 하다. 이것은 문자적으로 즐거움이나 쾌락을 뜻하나 신약성서에서는 부정적인 함의를 띤다. 인간이라는 '사회적 생물'은 사회적으로, 또 생물학적으로 쾌락을 원한다. 이런 자연적 본성 자체가 나쁜 것은 아니다. 문제는 제어되지 않은 욕망과 욕심, 그리고 그것이 가져오는 파괴적 행동이다. 이른바 칠죄종•이 이를 잘 포착한다.

사회적으로 인정받으려는 욕구는 나쁘지 않다. 그러나 이 욕구를 건강하게 제어하지 못하면 분노와 질투가 발

• 라틴어로 'Septem peccata capitals'는 모든 죄의 근원이 되는 일곱 가지 죄를 뜻한다. 이는 성서에 나온 것은 아니고 본디 수도원의 수사를 위해 만든 것이나 6세기경 교황 그레고리오 1세가 이를 교회 전체로 확대했다. 여기에는 교만, 인색, 질투, 분노, 음욕, 탐식, 나태 등이 속한다. 칠죄종은 여러 대중 매체에 사용되었는데, 영화 〈세븐〉이 대표적이다.

생한다. 누구나 정신없이 바쁜 삶을 원하지 않는다. 그러나 쉬고자 하는 욕망이 제어되지 못하면 나태로 나타난다. 생존과 번영을 위한 재산을 얻고 싶으나 그것이 잘못되면 인색해진다. 성욕이나 식욕 모두 자연스러운 것이나 그것을 탐닉하는 데서 벗어나지 못하면 음욕과 탐식으로 삶을 망친다. 하여 쾌락을 추구하고자 했던 삶이 목표를 잃어버리고 고통에 허우적거리기 마련이다.

생물학적 쾌락주의 혹은 감각적 쾌락주의는 감각의 쾌를 추구하다가 그 한계 효용에 부딪혀 더 큰 감각의 쾌를 원하기 마련이다. 결국 더 큰 감각의 쾌를 얻고자 하는 욕망은 건강을 잃게 한다. 이 한계를 지적하면서 에피쿠로스는 정신적 쾌락주의를 주장했다. 이것은 고통과 근심을 줄이려는 노력이다. 에피쿠로스는 자신의 이상적 공동체를 '정원'이라고 불렀고, 이를 아테네 도시 근교에 세웠다. 문명과 자연을 동시에 즐기려는 노력이다.

그러나 우리는 한동안 전원생활을 목표로 하던 우리나라 중년들의 낭만적 꿈이 과연 결실을 보았는지 물어보면서, 인간이 과연 사회적으로 반쯤 은둔하면서 삶을 '즐기는' 것이 무엇을 외면하고 얻은 대가인지를 따져봐야 한다.

생태학적 통찰은 지구가 하나의 네트워크로 연결되어 있음을 알려준다. '나'의 쾌락은 '너'의 쾌락과 '우리'의 쾌락, 나아가 지구 시스템과 긴밀히 연결되어 있다. 따라서 가령 기후변화 같은 재앙이 벌어질 때 '정원'에서 고통과 근심을 뒤로한 채 지내는 것은 나의 쾌락조차 보장하지 않는다.

야고보는 '여러분이 가지지 못하는' 이유를 둘로 설명한다. 첫째는 '하느님께 구하지 않기 때문'이라는 것이다. 두 가지 추정을 할 수 있다. 하나는 하느님과 그의 능력을 믿지 않는 것이다. 그러나 야고보의 편지를 받는 사람들이 그런 상태라고 여기기는 어렵다. 그렇다면 다른 추정은 당사자가 차마 하느님께 구하지 못할 내용이기 때문에 구하지 않은 것일 수 있다. 최소한의 '염치'가 있는 것이다. 가령 '거룩한 하느님'에게 분노와 질투, 음욕과 탐식에서 비롯된 요구를 청할 수는 없는 노릇이다. 제아무리 자식이라도 부모에게 할 수 있는 요청과 할 수 없는 요청이 있다.

둘째는 '쾌락을 위해 쓰려고 잘못 구하기 때문'이라고 가르친다. 바로 위에서 설명했듯 누군가 자신만을 위한 쾌락을 하느님께 간구한다면 하느님은 그것을 들어주지 않을 것이다.

대화를 나눌 때 우리는 상대방이 누구인지를 인식하고 대화한다. 그렇지 않은 대화란 존재하지 않으며 그저 독백일 뿐이다. 기도가 신을 향한 인간의 대화 시도라면 인간은 자신이 믿는 신이 누구인지를 다시 한번 확인하고 기도를 시작해야 한다. 만약 누군가 다른 인간에게 윤리적으로 감히 할 수 없는 대화를 시도하고자 한다면 이는 상대방이 그런 종류의 반윤리적 대화를 함께 나눌 수 있는 대상이라고 여기는 것이다. 하여 잘못된 기도는 도리어 가장 반신앙적인 것이 될 수 있다. 인간의 게걸스러운 욕망에서 나오는 요청 항목은 거절될 것이다.

그러나 야고보가 구하라고 한 것들이 있다. 가령 야고보는 "여러분 가운데 누군가 지혜가 부족하면 모든 것을 기꺼이 주시고 또 나무라지 않으시는 하느님께 구하"(1:5)라고 말한다. 지혜는 신의 속성에 부합하는 것이고, 신에게 넘쳐흐르는 것이니 구할 수 있다. 또 '고난을 겪는' 사람은 거기서 구해달라고도(5:13), 병든 사람은 교회의 지도자들과 함께 기도(5:14)할 수 있다. 그러나 야고보는 보다 근본적으로 더 큰 능력과 효력이 있는 기도는 '올바른 사람이 드리는 간절한 기도'라고 못 박는다.(5:16) '올바른 사람'이 되는 것, 지혜는 바로 그것을 한다.

한편 위로부터 오는 지혜라고 해서 계산하는 능력이 결여된 것은 아니다. 그러나 그 지혜의 초점은 이기주의적 자기를 강화하고 그 이득을 챙기는 데 있지 않다. 도리어 지혜를 추구하는 사람을 '올바르게' 한다. 공자의 표현대로라면 '위기지학'의 지혜인 셈인데, 야고보는 이렇게 그 성질을 말한다. "위로부터 오는 지혜는 먼저 순결하고, 다음에는 평화롭고, 부드럽고, 온순하고, 자비와 선한 열매로 가득하고, 편견이 없고, 위선이 없습니다."(3:17) 지금 열거한 덕목들은 기본적으로 자기 성숙의 결과로 나타나는 것들이다. 지혜의 성질이 그러하니 참으로 지혜로운 사람은 그 지혜의 성질에 따라 자신을 빚어낸 사람이다.

'순결'하다는 것은 도덕적 올곧음을, '평화'롭다는 것은 참된 지혜가 질투와 경쟁심의 대척점에 있다고 알려준다. '부드러운'은 '에피에이케스(ἐπιεικής)'를 번역한 말인데, 날이 선 말과 행동으로 쏘아붙이기보다는 상대방의 분노를 누그러뜨리는 언행을 가리킨다. 《잠언》에서 "유순한 대답은 분노를 쉽게 하여도 과격한 말은 노를 격동하느니라"(15:1)고 할 때 '유순한'이 에피에이케스에 해당한다. '사려 깊은' 것이다. 이 지혜는 악마적 지혜에서 나오는 '분노'와 대립한다. 감정에 치우쳐 삶과 일을 그르치지 않고, 나와 상대방의 처지와 상황을 잘 헤아려 적절한 길을 찾으려는 지혜다.

'온순'한 지혜는 자신의 뜻을 관철하려는 고집을 피우기보다 신의 뜻에 맞춰 자신을 조정하려 한다. 또 지혜는 '자비'롭다. 정직하게 돌아보면 우리는 늘 누군가의 용서와 너그러움 속에 살았다. 지혜는 옳고 그름을 가리지만, 용서와 너그러움을 통해 상대방을 향한 기대를 품는 것이다. 괴테는 "한 사람에 대한 최악의 평가는 현재의 그로 그를 평가하는 것"이라고 말했다. 지혜는 가능성과 희망으로 상대방과 일을 바라보는 능력이다. 이런 지혜가 '선한 열매'를 맺는 것은 당연하다. 마지막으로 야고보는 '편견과 위선이 없는 것'을 참된 지혜의 특징으로 제시한다. 편견은 사람을 자기 안에 가두어 성숙을 막고, 위선은 내가 아닌 누군가로 살아가게 해 결국에는 자신을 해체한다. 마침내 지혜의 사람은 평화롭게 말과 행동의 씨를 심어 정의라는 열매를 거둔다.

위로부터 오는 지혜를 구하는 사람은 결국 지혜를 '기

다리는' 사람이다. 자신이 지혜롭게 빚어지는 일이 신의 도움으로 가능하다고 고백하는 셈이다. 자신의 각고의 노력으로 체화한 지혜의 덕목들을 '위로부터' 왔다고 말하는 것은 적절하지 않게 들린다. 그러나 참된 지혜가 위로부터 온다고 고백하는 사람들은 자신이 '빚지고' 있다고 생각한다. 앞에서 아브라함이나 이스라엘의 선택은 신이 먼저 '사랑'한 결과라고 말했다. 그 사랑은 아브라함이나 이스라엘이 자신을 빚어가는 근원이 되었다. 지혜자는 인간이 사랑받는 것으로 삶을 시작하고, 삶의 과정에서 계속해서 자신이 이루지 않은 선한 도움을 받았다고 고백한다. 지혜자는 그래서 자신의 존재에 감사할 수 있다. 자신의 성취는 자신의 노력 이상의 것이기 때문이다.

지혜자는 자연을 둘러본다. 아름다운 꽃, 맑은 하늘, 넘실거리는 강, 곳곳에 있는 나무, 따뜻하게 불어오는 바람, 멀리 떠가는 구름, 지저귀는 새 등 이 모든 아름다움을 만끽하는 나는 그것들을 만드는 데 기여한 게 없다. 그저 그렇게 아름다운 것들이 내게 주어졌다. 아기였을 때 무슨 특별한 보상을 받을 만한 일을 할 수는 없다. 그러나 양육자는 아기를 정성으로 돌본다. 사회로 진입할 때도 소속할 그곳을 우리가 만들지 않았으나 우리는 그곳에서 살고 번영한다. 이전 세대의 노력으로 탄생한 '사회'에서 우리는 덕을 본다. 물론 자연과 사회가 우리를 억압할 때도, 착취할 때도 있다. 누군가는 존재 자체가 버겁다고 말할 수 있다. 그것들이 혼돈과 고통과 허무 속에 우리를 몰아넣을 수도 있다. 그러나 우리는 그 괴물들에 맞서 의미와 품격과 아름다움을 갖추고 주어진 삶을 긍정하고, 나아가 감사하면서 자신을 빚어내라는 야고보의 격려를 듣는다. 그는 이것을 '위로부터 온 지혜'라고 말한다.

사랑과 차별

야고보는 지혜자가 위로부터 오는 지혜의 덕목으로 자신을 빚어내는 성기(成己)가 곧바로 어려운 처지에 있는 사람을 돌보며, 공의를 통해 다른 사람도 이루어 주는 성물(成物)에 이른다고 가르친다. 다음과 같은 본문이 대표적이다 (2:8-13).

> ⁸ 만약 여러분이 성경에 따라 "네 이웃을 네 몸같이 사랑하라"라는 으뜸가는 법을 지킨다면 잘하고 있는 것입니다. ⁹ 그러나 만약 여러분이 사람을 차별하면 여러분은 죄를 짓는 것이고, 모세의 법이 여러분을 범법자로 판정할 것입니다. ¹⁰ 모세의 법을 다 지키는 사람이라도 단 한 가지를 어긴다면 그것은 법 전체를 어긴 셈입니다. ¹¹ "간음하지 말라"라고 하신 분이 또한 "살인하지 말라"라고도

하셨습니다. 만약 그대가 간음을 하지 않더라도 살인을 저질렀다면 법을 어긴 사람이 됩니다. [12] 여러분은 자유를 주는 법에 따라 심판을 받을 사람처럼 말하고 또 행동하십시오. [13] 자비를 베풀지 않는 사람에게는 자비 없는 심판이 있습니다. 그러나 자비는 심판을 이깁니다.

지혜자는 '네 이웃을 네 몸 같이 사랑하라'를 으뜸가는 법으로 알고 지킨다. 이것은 구약성서와 신약성서 모두의 핵심 계명이다. 구약성서 《레위기》 19장 8절은 "한 백성끼리 앙심을 품거나 원수 갚는 일이 없도록 하여라. 다만 너는 너의 이웃을 네 몸처럼 사랑하여라. 나는 주다"라고 쓴다. 이 명령은 신의 직접적인 명령이다. 예수 역시 직접 그 문장을 그대로 인용해 말한다.(마 22:39) 사랑한다는 것은 사랑받는 대상이 생존하고 번영하도록 돌보는 것이다. 이때 정서적 애정이 반드시 같이 해야 할 필요는 없다. 위에서 인용한 《레위기》가 그것을 보여준다. 이웃을 사랑하라는 명령과 대조를 이루는 명령은 같은 백성끼리 앙심을 품고 생존과 번영을 해치는 '원수 갚는 일'을 사사로이 해서는 안 된다는 것이다.

야고보는 이웃 사랑의 대척점에 서 있는 행동이 사람을 '차별'하는 것이라고 말한다. 차별한다는 것은 특정한 기준을 만들고 그 기준에 따라 다르게 대우한다는 뜻이다. 만약 진리와 거짓, 선과 악을 나누고 선인과 악인을 다르게 대한다면 그것을 차별이라고 볼 수 없다. 야고보가 말하는 차별은 빈부와 귀천에 따라 상대방을 다르게 대우하는 것이다. 야고보는 이를 강력하게 '죄'라고 선언한다. 왜 그것들은 사람을 다르게 대우해야 하는 기준이 되지 못할까? 빈부와 귀천은 사람의 됨됨이를 보여주지 못할 뿐만 아니라 얼마든지 역전될 수 있고, 나아가 그것에 열중하는 사람에게 죄를 짓게 만들기 때문이다.

　재산이 많고 적음은 그 사람의 경제적 능력을 보여주거나 혹은 '재물 운'이 좋았다는 것을 보여준다. 사회에서 부유한 사람은 고급스러운 의식주를 누릴 수 있다. 그렇지 않은 사람은 생계를 걱정하며 살아갈 수밖에 없다. 그러나 재산의 많고 적음이 그 사람의 인격과 존엄을 나타내는 잣대는 아니다. 신분의 귀천 역시 마찬가지다. 어떤 사람은 태어난 환경에 따라 높은 신분으로, 그렇지 않은 사람은 평범하거나 낮은 신분으로 살아간다. 그러나 그것은 그 사람의 됨됨이와 인과관계가 없다.

　그러나 대부분의 인간 사회에서는 신분의 귀천과 재물의 빈부에 따라 위계의 피라미드를 만들고, 개개인에 따라 그 위계에서 차지하는 자리가 정해진다. 이후 그 위계에 따라 사람을 차별 대우한다. 이렇게 되면 '이웃'은 사라지고, 신분과 재물에 따른 지배와 복종의 관계만이 남는다. 이런 사회를 속물 사회라고 부를 수 있다. 이 사회에서는 그 사람의 지위와 그 사람의 가치가 일치한다. 여기서는 나보다 '낮은' 사람을 지배하며 경멸하고, '높은' 사람에게는 복종하며 수치를 느낀다. 이웃을 사랑하는 게 최고의 지혜이자 법인데, 서로 돌보고 연대하고 격려하고 나누는 '이웃'은 사라지고 주인과 노예의 관계만이 남는 셈이다.

　이웃은 부자일 수도 가난할 수도 있고, 신분이 높을 수도 낮을 수도 있다. 부유한 이웃과 가난한 이웃은 서로가 이웃이기에 이웃의 관계를 맺을 수 있다. 반면 동료를 이웃으로 보지 않고 '부자'와 '가난한 사람'으로 나누어 보고, 이에 따라 차별적으로 대하면 그것은 단순히 '나쁜' 차원을 넘어선다. 야고보는 이런 차별이 모세를 통해 내린 하느님의 율법을 정면으로 위반하는 것이라고 말한다. 사람을 차별하는 죄를 지으면 신의 계명을 어기는 범법자가 되는 것이다.

야고보가 강력하게 경고하는 데는 그의 공동체에 이런 일이 이미 벌어지고 있기 때문이다. 야고보는 일어날 만한 혹은 일어났을 법한 사례를 든다.(2:1-4) 어떤 사람이 모임에 금반지를 끼고 화려한 옷을 입고 들어갔다. 반면 다른 사람은 가난해서 더러운 옷을 입고 모임에 왔다. 화려한 옷을 입고 들어오는 사람을 호의적으로 대하며 그에게 "여기 좋은 자리에 앉으세요"라고 말한다. '좋은 자리'는 '높은 사람'이 앉는 자리다. 반면 가난한 사람에게는 "당신은 서 있든지 저기 내 발치에 앉거나 해"라고 말한다. 지금도 그렇지만 고대 지중해 세계에서는 신분에 따른 자리 배치가 더더욱 뚜렷했고, 누군가에게 '서 있든지 저기 내 발치에 앉'으라고 말하는 것은 나보다 '아래'에 있는 사람으로 취급하는 것이다. 이런 일상의 차별 대우는 확대되어 법 앞에서의 불평등과 차별로 이어지고, 한 사람의 인격과 존엄을 대할 때도 차별하게 된다.

야고보는 인간의 눈에 커 보이는 빈부 차이가 하느님 앞에서는 무의미하다는 것을 가르친다. 이미 이 책에서 이스라엘의 하느님은 아브라함이나 이스라엘이 잘나서가 아니라 '사랑'해서 선택했고, 이것이 그리스도교의 근본적인 자기 이해임을 말했다.(1:12; 2:5, 12-13) 이런 사랑의 선택은 이 세상의 기준과 아무 상관이 없을 뿐만 아니라 세상의 질서를 전복한다. 야고보는 이렇게 쓴다. "들으십시오. 나의 사랑하는 형제자매 여러분! 하느님은 세상에서 가난한 사람들을 택하셔서 믿음의 부자가 되게 하시고, 그들이 그분을 사랑하는 사람들에게 약속하신 왕국의 상속자가 되게 하시지 않으셨습니까?"(2:5) 이 세상에서 '가난'한 것은 하느님과 더불어 살며 그의 권력과 영광을 나누는 부유한 상속자가 되는 삶을 방해하지 못한다. 야고보는 오히려 '가난한 사람들에게 수치'를 주는 사람의 어리석음을 꾸짖는다. '수치를 준다'는 그리스어 '아티마조(ἀτιμάζω)'는 경멸감을 가지고 대우하며 그를 모욕한다는 뜻이다.

차별적 시선을 가지고 있는 사람이 자신을 빚어낸다고 상상해 보자. 그가 빚어내는 자신은 비뚤어지고 구부러진 형상을 띨 수밖에 없을 것이다. 차별의 시선은 남을 향할 뿐 아니라 자기 자신을 향해서도 작용해 우쭐댐과 비굴함 사이에 롤러코스터를 타게 할 것이다. 그것은 심한 감정 기복과 불안, 완벽주의적 강박, 무기력증, 자해와 가해의 폭력 충동을 이끌어 낼 게 분명하다.

《야고보서》에는 차별적 시선을 내면화해 부유한 자신과 가난한 사람을 완전히 구분하고, 나와 그들 사이에 어떤 교류도, 돌봄도, 사귐에도 관심이 없는 사람들에 대한 신랄한 경고가 있다.(5:1-5)

¹ 이제 주의를 기울여 들으십시오! 부자 여러분, 여러분은 비참한 일이 닥쳐온다는 것을 생각하며 울고 통곡하십시오. ² 여러분의 재물은 썩어버렸고, 여러분의 옷은 좀먹었습니다. ³ 여러분의 금과 은은 녹슬었고, 그 녹이 여러분이 어떻게 살아왔는지를 보여주는 증거가 되고, 마치 불과 같이 여러분의 살을 먹어 치울 것입니다. 여러분은 마지막 날에도 부를 쌓기만 했습니다. ⁴ 보시오! 여러분의 밭에서 곡식을 벤 일꾼들의 삯, 여러분들이 가로챈 그 삯이 소리를 지릅니다. 곡식을 거둔 사람들의 울부짖는 소리가 전능하신 주님의 귀에 들어갔습니다. ⁵ 여러분은 땅에서 쾌락을 위해 살았고 사치하였습니다. 살육이 일어나는 날에도 여러분은 마음이 태평했습니다.

여기서 비판의 대상이 되는 부자는 자신의 종말, 아니 삶 전체를 조망할 수 있는 지혜가 부족한 사람으로 등장한다. 그들이 자기들의 여유로운 삶의 근거로 삼는 재물과 옷과 귀금속은 영원하지 않다. 그것은 사라질 것이고, 그것들에 의존해 삶을 꾸려온 그들은 재물이 사라짐과 동시에 비참한 상황에 처할 것이다. 그들이 무너져 내릴 때 그들을 도울 사람은 하나도 없을 것이다. 왜냐하면 그들은 '마지막 날에도 부를 쌓기만' 했다. 재산이 자신들을 지탱해 주는 근거이기에 다른 사람에게 마땅히 주어야 할 정당한 삶과 몫을 가로챘기 때문이다. 그리고 그 부로 '쾌락'을 위해서만 살았고, 필요한 것 이상으로 사치했다.

나는 종종 나 자신과 사람들에게 묻는다. "같이 밥을 먹으려고 합니다. 좋은 사람과 먹고 싶습니까? 아니면 부러운 사람과 먹고 싶습니까?" 사람들은 입을 모아 좋은 사람과 먹고 싶다고 답한다. 그러면 다시 질문한다. "그러면 여러분은 좋은 사람이 되고 싶습니까? 부러운 사람이 되고 싶습니까?" 좋은 사람이 되고 싶어야 한다고 생각하지만 부러운 사람이 되고 싶다는 마음 또한 숨길 수 없다. 물론 둘 중 하나만을 선택할 필요는 없지 않냐고 반문할 수 있다. 당연하다. 그러나 인생의 방향이 동시에 두 개일 수는 없다. 좋은 사람으로 자기를 빚어내면서 부러운 사람이 될 수는 있을 것이다. 그러나 부러움의 대상이 되고 싶은 사람이 좋은 사람이 될 가능성이 큰지는 잘 모르겠다.

야고보는 비록 사회에서 '비천'하더라도 그는 자신을 사랑 속에서 성숙하게 해 "높아졌다는 것을 자랑"(1:9)할 수 있다고 말한다. 반면 "부자는 풀의 꽃과 같이 사라"질 수 있다.(1:10) 부유함을 잃으면 '부자'는 사라진다. '부자'가 사라지고 부자도 빈자도 아닌 사람만이 남을 때 그 사람이 누구이겠느냐고 야고보는 묻는다. 그것을 생각할 줄 아는 것이 지혜다. 명함과 통장이 없는 '나'를 생각해 보는 것이다. 사랑하고 사랑받는 '이웃'인 나를, 그리고 '이웃'인 '너'를 그려 보는 것이다.

경건

'자신을 빚어내는 생활' 전반을 야고보는 '경건'이라고 표현한다. '경건'의 그리스어는 '스레스코스(θρήσκος)'다. 이 단어는 섬김, 종교적인 열정, 신을 향한 예배, 종교 등을 의미한다.

야고보는 진정한 경건이 무엇인지에 대해 다음과 같이 말한다.(1:26-27)

[26] 만약 누군가 스스로 경건하다고 생각하면서도 자기 혀를 다스리지 않고 또 자기 마음을 속인다면, 이 사람의 경건은 헛됩니다. [27] 하느님 아버지 앞에서 깨끗하고 흠이 없는 경건은 이러한 것입니다. 곧 고통을 겪는 고아와 과부를 찾아가고, 세속에 물들지 않게 자신을 지키는 것입니다.

야고보는 자신을 빚어내는 일의 핵심 사안으로 '자기 혀를 다스리는 것'과 '자기 마음을 속이지' 않는 것을 꼽는다. 자신을 빚는 일은 '혀', 곧 한 사람의 말, 그리고 그것과 연관된 그 사람의 속내를 '다스리는' 것이다. '다스리다'는 그리스어 '칼리나고게오(χαλιναγωγέω)'의 번역이다. 이 단어는 말과 같은 동물에 재갈을 물려 그 말을 통제할 때 사용하는 동사다. 꼼꼼하게 점검해 통제하는 것을 뜻한다. 말은 인간보다 힘이 세고 강해 그것을 통제하기가 쉽지 않다. 하여 인간은 말에 재갈을 물려 방향과 속도를 제어한다.

야고보는 '혀'의 통제를 다르게도 비유한다. "저 배들을 보십시오! 그것들은 매우 큽니다. 강한 바람이라야 그것들을 움직일 수 있습니다. 그러나 키잡이는 매우 작은 키로 자신이 원하는 곳으로 배를 끌고 갑니다."(3:4) 말의 재갈이나 배의 키는 말의 몸이나 배의 크기에 비해 매우 작다. 그러나 그 작은 것들이 말과 배의 방향을 결정한다. 야고보는 혀도 그렇다고 말한다. "이같이 혀도 몸에서 작은 부분이지만 매우 우쭐댑니다. 보십시오! 얼마나 작은 불이 이렇게 큰 숲을 태웁니까! 혀는 불입니다. 혀는 불의한 세계입니다. 그것은 우리 몸의 한 부분으로 자리 잡고 몸을

더럽히고, 사는 내내 불을 지르고, 결국 자신은 게헨나의 불에 타 버립니다."(3:5-6)

그는 혀가 몸의 크기에 비해 작은 데도 운명을 결정지을 정도로 과도한 영향력을 행사한다는 것을 강조하기 위해 혀를 '불의'하다고 설명한다. 통제되지 않은 혀는 자기가 속한 몸뿐만 아니라 결국 몸이 사라질 때 자기 역시 심판을 받게 한다. '게헨나', 곧 저승의 불에 혀 역시 소멸한다. 자신도, 자신이 기원한 몸도 불행으로 몰아갈 힘이 있는 혀지만 그것을 통제하기란 매우 어렵다. "모든 종류의 들짐승과 새와 기는 짐승과 바다 생물은 인간이 길들인 것이고, 길들여 왔습니다. 그러나 어떤 사람도 혀를 길들이지 못했습니다. 그것은 쉬지 않는 악이고, 치명적인 독으로 가득 찼습니다."(3:7-8)

우리의 생각과 이를 표현하는 말을 재갈 물려 다스릴 수 있는 사람은 자기를 훌륭히 빚어내는 사람이다. 그래서 야고보는 "우리는 모두 많은 실수를 저지릅니다. 말로 실수를 저지르지 않는 사람은 온몸도 다스릴 수 있는 온전한 사람"(3:2)이라고 말하면서 '혀'의 통제를 통해 자신을 다스리는 것을 나타내고자 한다. 부분으로 전체를 나타내는 것을 흔히 제유법이라고 하는데, 야고보의 '혀'를 통한 교훈은 바로 이것을 사용하고 있다.

말을 조심하라는 교훈은 동서고금 모두 아주 강력한 지혜의 말이다. 야고보의 교훈은 이미 암시되었듯 단지 말조심에 머무는 게 아니다. 속마음은 달라도 겉으로 드러나는 말을 조심하라는 것은 야고보의 의도가 아니다. 그는 우리가 성정을 다듬어 말하기를 바란다. "누구든지 빨리 듣고, 말은 천천히 하십시오. 화도 천천히 내십시오"(1:19)라는 교훈은 어떤 상황이나 사태에 촉발하는 감정을 여과 없이 드러내지 말고, 그것을 삭여 지혜자로서 대응을 공글리라는 뜻이다. "여러분이 내는 화가 하느님의 의를 이루는 것이"(1:20) 아니기 때문이다.

살면서 분노와 격정을 일으키는 사건을 당하지 않은 사람은 없다. 그때 그런 불의와 폭력은 우리 안에 있는 "모든 더러운 것과 넘쳐 나는 악한 것을"(1:21) 촉발하는 역할을 한다. 이것을 제어하지 못하면 우리의 '혀'는 혀 자신은 물론이고 우리가 감당할지 못할 '말(행동)'을 하게 한다. 위에서 야고보가 경고한 대로 그것은 우리 삶에 '불을 지른다'. 혀에 재갈을 물리는 길은 혀에서 나오는 말의 근원인 성품을 변화시키는 길뿐이다. 혀는 "주님이시고 아버지인 분을 찬양하기도 하고, 또 혀로 하느님의 형상대로 빚은 인간을 저주하기도"하고 "같은 입에서 찬양과 저주가" 나온다.(3:9-10) "샘의 한 구멍에서 단물과 쓴물이 동시에 날 수" 없는 것처럼(3:11), "무화과나무가 올리브 열매를 맺고 포도나무가 무화과 열매를 맺을 수"(3:12) 없는데도 그러하다. 이것은 갈라진 마음이며, 이런 마음을 가지고는 삶의 진창에서 허우적거릴 뿐이다.

나아가 야고보는 예수의 가르침에 따라(마 5:33-37) 이렇게 권고한다. "나의 형제자매 여러분, 절대로 맹세하지 마십시오. 하늘로도 땅으로도 다른 무엇으로도 하지 마십시오. 여러분은 '예'라고 해야 할 때 '예'라고 하고, '아니요'라고 해야 할 때 '아니요'라고 하십시오. 그래야 심판받지 않습니다."(5:12)

맹세를 말라는 예수와 야고보의 가르침은 구약성서와 동시대 유대 문헌들과는 다르다. 그 문헌들은 신 앞에서 혹은 신의 이름으로 맹세하면 그것을 성실하게 지키라고 요청한다.(창 21:23; 31:53) 개인 간에, 크게는 국가 간에 맹세를 통해 계약을 체결하는 것은 야고보 저작 당시에 너무나 일상적이었다. "주님이 그대와 나 사이에 영원한 증인이 되신다"(삼상 20:23, 42)라는 말은 계약의 상투어처럼, 그러나 계약 당사자가 반드시 지켜야 한다는 의미로 기록되었다.

특히 동물을 반으로 가르는 제사를 지내면서 하는 맹세는, 맹세를 어길 시 이 동물처럼 죽임을 당한다는 상징적 의례이기도 했다. 고대 지중해 세계의 종교나 사회 혹은 철학 단체들은 입문식을 할 때 그 단체의 규율을 지키겠노라 맹세했다. 야고보 당시 로마 제국 곳곳에 로마 황제를 위한 신전이 있었고, 그곳에서 로마 황제 숭배를 시행했다. 그때도 맹세는 숭배식에 도입되었고, 로마 군대가 황제에게 충성을 맹세하는 것은 일상에 가까웠다. 예수의 동시대인들 역시 신의 이름으로 맹세했는데, 그것이 부담스럽거나 맹세를 지키지 못할 것을 염려하는 사람들은 '하늘'이나 '땅'으로 맹세했다.

야고보는 예수의 가르침에 따라 어떤 종류의 맹세도 하지 말라고 가르친다. 우리는 자신의 진심을 전달하기 위해 맹세하는 경우가 있다. 그러나 우리는 삶이 어떻게 펼쳐질지 알 수 없다. 내가 한 말을 내가 지킬 수 있다는 어떤 확신도 가질 수 없다. 우리는 우리에게 주어진 한계 속에서 진실하게 그렇다, 아니다를 말할 수 있을 뿐이다.• 때로 사람은 과장이나 거짓을 위해서도 맹세한다. 맹세는 앞에서 말했듯 자신이 이를 어길 시에 자신보다 큰 대상이 저주를 내려도 좋다는 식의 말을 포함한다. 과장이나 거짓을 위한 맹세는 인간이 함부로 대하지 말아야 할 대상을 자신의 이득을 위해 오용하는 격이다. 이러저러한 욕심 때문에 스스로 당시 상황에 어떤 '진정성'이 있다고 여기지만, 그것은 거짓으로 드러나게 된다.

'자기 마음을 속이는' 것에 관해 야고보는 편지의 다른 곳에서 그것이 무엇인지 설명한다. 그에 따르면 올바른 말을 '단지 듣기만' 하고 실천하지 않는 사람이 바로 '자신을 속이는 사람'이다. 그런 사람은 자신을 비춰주는 '거울로 본래 자기 얼굴을 들여다보는 사람과' 같은데, 그는 '자기를 보기만 하고 떠나가서, 곧바로 자기 모습이 어떠한지를 잊어버'린다. 무엇이 옳은지 무엇을 행해야 하는지 알고도

● 야고보는 4장 13-16절에서도 인간이 가진 한계를 가르친다. "¹³ 이제 주의를 기울여 들으십시오! '오늘이나 내일 어떤 도시에 가서 일 년 동안 장사해서 돈을 벌어야겠다'라고 말하는 여러분! ¹⁴ 여러분은 내일 일을 알지 못합니다. 여러분의 생명이란 무엇입니까? 여러분은 잠시 나타났다가 사라져 버리는 안개와 같습니다. ¹⁵ 그러니 이렇게 말하십시오. '만약 주님께서 원하시면 우리가 살고, 또 이것도 하고 저것도 할 것입니다.'"

실천하지 않는 사람은 자기 마음을 속이는 것이다. 그런 사람은 진리를 실천해 얻는 복을 누리지 못한다. 이것을 이해하기는 너무나 쉽다.

건강에 관한 좋은 정보를 듣고도 그것을 실천하지 않으면 그가 들은 정보는 헛것이고, 좋은 정보를 듣고도 자신이 그것을 행하지 않을 여러 이유를 만들어 자신을 기만하고 만다. 그가 그 좋은 정보를 따를 때 얻게 될 복을 누리지 못하는 것은 당연하다. 어떤 사람이 다른 사람에게 사랑한다고 말하면서 실제로 사랑하지 않으면 사랑이 주는 기쁨을 결코 알지 못한다. 이렇게 앎과 실천의 불일치는 옹글고 단단한 지혜자의 삶이 아니다. 따라서 야고보는 "만약 누군가 스스로 경건하다고 생각하면서도 자기 혀를 다스리지 않고 또 자기 마음을 속인다면, 이 사람의 경건은 헛됩니다"라고 말할 수 있었다.

'혀'를 제어하지 못하고 '자기기만'에 이른 사람의 경건은 헛것이라고 일갈한 야고보는 이어지는 1장 27절에서 "하느님 아버지 앞에서 깨끗하고 흠이 없는 경건은", "고통을 겪는 고아와 과부를 찾아가고, 세속에 물들지 않게 자신을 지키는 것"이라고 가르친다. 야고보는 이상적인 '경건', 곧 깨끗하고 흠이 없어 자기 삶을 신과 모든 사람에게 공개된 제물처럼 보여줄 수 있는 경건이 두 가지 기둥으로 세워진다고 알려준다.

첫 번째 기둥은 '고통을 겪는 고아와 과부를 찾아가'는 것이다. '고아와 과부'는 유대 사회에서 보호자와 부양자가 없는 취약자들을 상징하는 문구다. 이스라엘의 신은 그들에게 꾸준히 관심을 나타내며 그들의 하느님이라고 스스로를 밝힌다.(신명기 14:28-29; 예레미아서 5:28 10 등등) 예수 역시 당시에 소외된 이웃을 다시 보듬고 공동체로 회복시키고자 했다. 그는 '죄인'으로 낙인찍힌 사회적 주변인, 다른 인종의 여인, 누구에게나 경멸받아 마땅한 민족의 배반자마저 사랑과 회복의 대상으로 삼았다. 예수는 환자를 치료했고, 굶주린 자를 먹였고, 길을 잃은 사람에게 의미 있는 삶을 보여주었다. '하느님과 주 예수 그리스도의 종'으로 자처하는 야고보가 이웃, 특별히 고통 속에 있는 이들을 향해 사랑을 실천하라고 주장하는 것은 당연해 보인다. 고통받는 이들을 찾아가 돌보고 함께하는 것은 자선에 머무는 것이 아니라 신을 닮으려 자신을 빚어내는 것이다.

두 번째 기둥은 '세속에 물들지 않게 자신을 지키는

것'이다. 야고보는 화려한 옷을 입고 사람들 앞에서 뽐내려는 사람, 그런 사람을 추켜올리고 우대하는 사람(2:2-3), 시련 속에서 일꾼들의 삯을 착취해 부를 축적하며 재물이 자신의 삶을 지켜 준다고 믿는 사람, 그렇게 사는 게 행복이라고 믿고 마는 사람, 최고의 삶을 쾌락과 사치라고 믿고 곳곳에서 살육이 일어날 때도 자기 신상에 아무런 문제가 없으면 얼마든지 마음이 태평할 수 있는 사람, 자신의 이익을 위해서라면 정의로운 사람을 죄인이라고 판결 내리는 일에 가담하는 사람(5:4-6)에게 물들지 말라고 경고한다.

누가 지혜롭고
현명한 사람입니까

이제 야고보가 그리는 옹글고 단단한 사람, 곧 하느님의 벗과 농부로 형상화한 그가 누구인지 상상해 보자. 그는 자기 삶이 자신이 성취하지 않은 것을 값없이 제공받은 사람이라고 인식하며 감사한다. 하늘을 우러러보는 농부는 밭고랑을 파고 저수지를 만들지만 이것이 비를 내리게 하지 않는다는 것을 명확히 안다. 그는 값없이 내리는 이른 비와 늦은 비를 기다리며, 그 비가 내리면 감사할 줄 안다. 나아가 그는 자신이 나타났다가 금방 사라져 버리는 아침 안개와 같다는 것을 깨닫는다.

그는 성실하지만 자기의 한계를 분명히 알기에 함부로 내일, 다음 달, 내년을 계획하면서 이런저런 일을 이룰 수 있다고 생각하지 않는다. 다른 사람을 향한 저주나 맹세는 물론이고 장담도 함부로 하지 않는다. 그저 그 순간 그곳에서 최선을 다해 정직할 뿐이다.

그는 허풍을 떨지도 않고 소박하고 진실하게 '예'라고 하고, '아니오'라고 한다. 그는 자신에게 은혜를 내려 주는 '하느님 아버지'와 그의 현현인 '예수'를 따르기에 그 역시 고통받는 고아와 과부를 찾아가 돌볼 줄 안다. 굶주린 사람에게 음식 섭취의 중요성을 가르치기보다는 자기 주머니를 뒤져 나오는 한 푼을 굶주린 이에게 쥐여준다. 그는 하느님이 대단치 않은 아브라함과 이스라엘을 사랑으로 선택해 그의 벗이자 백성으로 삼은 것을 안다. 그러기에 빈부와 귀천이 절대 다른 사람을 대하는 기준이 될 수 없음을 깨닫는다. 그에게는 부자와 가난한 자, 귀족과 천민이 아니라 사랑으로 사귈 '이웃'이 있을 뿐이다.

그에게는 시련이 없었을까? 위급하고 중대한 위기에 마음이 흔들리지 않았을까? 그렇지 않다. 그는 여러 가지 시험을 겪었다. 흔들려 두 갈래로 갈라지려는 마음, 누군가를 향한 원망, 상황을 계산해 보고 나오는 탄식을 충분히 겪었다. 그러나 그것을 모두 기쁘게 여기려 한다. 이는 자기기만이 아니다. 그가 사랑하는 신의 형상을 자기 삶에서 빚으려 애쓰며 시련이 자기 삶의 불필요한 부분을 덜어내고 부족한 부분을 채우기를 바라고 견딘다. 그는 참고 견디며 값진 열매를 희망하고 기다릴 줄 안다. 그러기에 다투고 분노하고 절망하기보다, 참고 견디며 '넘치는 연민과 자비'의 하느님이 도우시기를 기도한다. 따라서 이 땅에 속한 것들을 두고 동료들과 다투지 않는다. 부질없는 쾌락을 위해, 누군가가 누리는 것들을 향한 질투와 파괴적 경쟁심으로 싸움을 벌이지 않는다. 그는 사람 사이의 싸움은 하느님이 내린 게 아니라 자신의 욕망에 끌려다니며 유혹당한 것임을 깨닫는다. 싸움을 낳은 그 게걸스러운 욕망이 죄를 아기처럼 품고 있고, 그 죄가 어른처럼 자라 죽음을 낳게 되는 것을 그는 목도했다. 싸우는 대신 그는 일상에서 평화의 씨를 심고 정의의 열매를 거두려 한다.

그는 조심하지만 위축되어 있지 않고, 평온하지만 무디지 않다. 고난을 겪는 사람을 찾아가 함께 기도하고, 기쁜 사람들이 있으면 진심으로 그 기쁨을 나누며 노래한다. 아픈 사람이 있으면 치료를 위해 같이 애쓰고, 다른 사람에게 자신의 허물을 겸허하게 고백하고 양해를 구하기도 한다.(5:13-16) 같이 지내던 누군가가 진리를 떠나 길을 잃고 헤맬 때, 그는 꾸짖거나 냉소하는 대신 죄를 지어 방황하는 그의 영혼을 사랑할 줄 안다.

    누군가가 "여러분 가운데 누가 지혜롭고 현명한 사람입니까?"(3:13)라고 물었다. 사람들은 그를 가리키며 이렇게 말한다. "이 사람은 '좋은 행실을 통해 온유한 지혜로 자기 생활을' 보여주는 사람입니다." 그는 참으로 옹글고 단단한 사람, 곧 하느님의 벗이자 희망의 농부다. 그는 쉴 수 있는 밤이 오면 밖으로 나가 온갖 선한 선물을 내려주는 '별들을 만드신 아버지'를 올려다본다. 그는 "변하지 않으시고, 움직여서 생기는 그림자도 없"는 하느님의 형상이 자기에게 나타나는지 겸허히 돌아본다. "그분의 뜻을 이루시려고 우리를 진리의 말씀으로"(1:17-19) 낳았다는 말을 되새기며 그는 그의 하느님을 더욱 사랑한다.

마치며

노예는 주인에게 매여 주인의 명령대로 움직인다. 오늘날 우리 사회는 행복감이라는 주인을 모시고 살라고 권유하는 듯하다. 행복과 연관된 이미지를 떠올려 보자. 한적하고 아름다운 카페에서 차를 마시며 담소하거나 책을 읽는 장면, 아늑한 자연에서 휴식하는 모습, 스포츠 활동, 비싼 음식, 국내외 여행, 사랑하는 사람과 함께 삶을 즐기기, 나를 포함한 가까운 가족의 성취, 좀더 노골적으로는 명품이라고 의도적으로 오역한 사치품(Luxury Goods) 소유, 비싼 자동차나 넓고 고급스러운 아파트 입주 등이 아마 가장 많이 떠오를 것이다.

SNS에 올라온 행복한 사진과 이야기는 별 생각 없이 살아오던 내 삶에 느닷없이 큰 문제가 있다고 말해주는 것 같다. '남들은 행복한데 나는 왜 이럴까'라는 비교가 늘 따라오기 마련이고, 누군가의 행복감을 바라보는 사람은 반대로 불행해진다. 행복감은 감정 혹은 기분이라 할 수 있는데, 그것은 지속적이지 않기 때문에 짜릿한 행복감을 느낀 사람은 다음에는 그 이상의 쾌락이 주어지지 않으면 좀처럼 만족감을 느끼지 못한다.

소유를 통해 행복감을 추구하는 경우 그것은 물질적인 성공에 좌우될 수밖에 없다. 소유가 주는 행복감은 짧지 않은 인생을 향유하는 지혜를 마다하고 단기적인 쾌감을 쫓는 것이 된다. 그런 행동은 크고 작은 부작용을 가져올 수밖에 없다. 남과의 비교로 달라지는 행복이 사람은 평생 다른 이들을 의식하며 어느 때는 타인을 부러워하거나 질시하고, 다른 때는 타인을 우습게 여기거나 경멸한다. 자신과 비슷하다고 여기는 사람과는 행복감을 놓고 경쟁을 벌일 수도 있다. 그러니 행복감 추구는 타자와의 진정한 사귐을 방해하며, 나보다 많은 것을 누리는 이들의 것이 내 것이 아니라는 사실에 좌절한다. 행복감 추구는 의미를 형성하지도 못하고, 작은 역경에도 쉽게 삶을 포기하게 하며, 허무를 넘어서는 길을 찾아내지도 못한다.

행복감을 추구하는 것은 도리어 불행으로 나아가는 길

이다. 우리가 읽은 《잠언》, 《욥기》, 《전도서》, 《야고보서》는 행복감을 가르치지 않는다. 도리어 행복감을 추구하는 일이 얼마나 어리석은지를 일갈한다. 오래된, 그러나 여전히 유효한 이 고전들의 삶을 가꾸는 지혜는 혼돈에 맞서 의미를 창조하고, 고통을 넘어서는 품격을 키우며, 허무에 굴복하지 않고 삶에 충실한 지혜를 가르친다. 이를 통해 모자람 없이 옹글고 단단한 사람으로 살아가라고 격려한다. 역설적이게도 그 지혜로 삶을 조형해 나갈 때 행복감은 보상처럼 혹은 촉진제처럼 우리에게 주어진다. 그 지혜가 가져온 경외와 감사, 연민과 인내, 창조와 충실성이 깊은 곳에서 우러나오는 환희를 우리 삶에 선물한다.

WISDOM
LITERATURE

• 이 저서는 2022년 대한민국 교육부와 한국연구재단의 지원을 받아 수행된 연구를(NRF-2022S1A5C2A04093488) 기반으로 했다.

KI신서 11780
허무감에 압도될 때, 지혜문학

1판 1쇄 발행 2024년 9월 27일
1판 5쇄 발행 2025년 10월 1일

지은이 김학철
펴낸이 김영곤
펴낸곳 (주)북이십일 21세기북스

인생명강팀장 윤서진 **인생명강팀** 박강민 유현기 황보주향 심세미 이수진 이현지
디자인 강경신
영업팀 정지은 한충희 장철용 남정한 강경남 황성진 김도연 이민재
제작팀 이영민 권경민

출판등록 2000년 5월 6일 제406-2003-061호
주소 (10881) 경기도 파주시 회동길 201(문발동)
대표전화 031-955-2100 **팩스** 031-955-2151 **이메일** book21@book21.co.kr

(주)북이십일 경계를 허무는 콘텐츠 리더

21세기북스 채널에서 도서 정보와 다양한 영상자료, 이벤트를 만나세요!
페이스북 facebook.com/jiinpill21 **포스트** post.naver.com/21c_editors
인스타그램 instagram.com/jiinpill21 **홈페이지** www.book21.com
유튜브 youtube.com/book21pub

서울대 **가**지 않아도 들을 수 있는 **명강**의! 〈서가명강〉
'서가명강'에서는 〈서가명강〉과 〈인생명강〉을 함께 만날 수 있습니다.
유튜브, 네이버, 팟캐스트에서 '서가명강'을 검색해보세요!

ⓒ 김학철, 2024
ISBN 979-11-7117-779-0 04300
      978-89-509-9470-9(세트)

• 책값은 뒤표지에 있습니다.
• 이 책 내용의 일부 또는 전부를 재사용하려면 반드시 ㈜북이십일의 동의를 얻어야 합니다.
• 잘못 만들어진 책은 구입하신 서점에서 교환해드립니다.

대한민국 대표 교수진의 지식 공유 프로젝트

인생명강
내 인생에 지혜를 더하는 시간

사는 게 어렵고 막막할 때 우리는 어디에서 답을 찾아야 할까?
'인생명강'은 전국 대학의 명강의를 엮은 시리즈로,
오늘을 살아갈 지혜와 내일을 꿰뚫어보는 인사이트를 선사한다.
과학·철학·역사·경제·문학 등 다양한 분야의 지식 콘텐츠를 만날 수 있다.

심리

권일용 저 | 『내가 살인자의 마음을 읽는 이유』
권수영 저 | 『관계에도 거리두기가 필요합니다』
한덕현 저 | 『집중력의 배신』

경제

김영익 저 | 『더 찬스 The Chance』
한문도 저 | 『더 크래시 The Crash』
김두얼 저 | 『살면서 한번은 경제학 공부』

과학

김범준 저 | 『내가 누구인지 뉴턴에게 물었다』
김민형 저 | 『역사를 품은 수학, 수학을 품은 역사』
장이권 저 | 『인류 밖에서 찾은 완벽한 리더들』

인문/사회

김학철 저 | 『허무감에 압도될 때, 지혜문학』
정재훈 저 | 『0.6의 공포, 사라지는 한국』
권오성 저 | 『당신의 안녕이 기준이 될 때』

고전/철학

이진우 저 | 『개인주의를 권하다』
이욱연 저 | 『시대를 견디는 힘, 루쉰 인문학』
이시한 저 | 『아주 개인적인 군주론』